原田まりる

まいにち哲学

人生を豊かにすることば

序文

「毎日、何のために仕事を頑張っているんだろう？」「私の人生、本当にこれでいいのかな？」「この人と、この先ずっとうまくやっていけるんだろうか？」
――現代を生きる中で、私たちはさまざまな葛藤や不安、悩みに直面します。この本には、こうした日常の悩みと向き合うヒントや、励ましとなるような、「哲学」の教えがつまっています。

「すべての学問の母である」と言われる哲学の歴史は約２５００年。少し古くさいイメージがあるかもしれませんが、「人間の本質」に迫った学問なので、いまを生きる私たちにとっても「そうそう！」と共感できる言葉がたくさんあります。そもそも「哲学する」とは、「ハッ！」とひらめくような経験を通じて「知っていると思い込んでいたことを、別の角度から知る」ことでもあります。この本には、そんな「ハッ！」とするような見方を与えてくれる哲学者た

EVERY DAY PHILOSOPHY

*

HARADA MARIRU

POPLAR PUBLISHING CO., LTD.

ちの教えが366日分つまっており、日めくり感覚で楽しむことができます。

1か月ごとに、「決断」「自分」「人生」「他者」「仕事」「憂鬱《ゆううつ》」「幸福」「自由」「欲望」「恋愛」「孤独」「時間」というテーマを設定し、日々の悩みや気分に寄り添うような格言を、やさしい解説とともに紹介していくのですが、「決断」というテーマひとつとっても、哲学者によって主張が異なることに気づくでしょう。納得できない主張もあるでしょうが、自分の感性や思考と近いお気に入りの〝推《お》し哲学者〟が見つかったら、その哲学者の書籍も手に取ってみてください。毎日1頁ずつかみしめるもよし、気になるテーマから読むのもよし、偶然開いた頁を眺めてもよし。自由に、楽しく、哲学者の言葉を日々の心のお守りにしてみてはいかがでしょう。

哲学は、数学や科学などの学問と違って「予備知識」がなくても語り合えます。大切なのは、「ハッ!」とする経験を逃がさないことと、自分の頭でじっくり考えることだけ。

この本で得たひらめきをもとに、「まいにち哲学」してみてください。

目次

ARING IN THIS BOOK

【本書に登場する哲学者たち】

【プラトン】〔BC427～BC347年〕

PLATŌN

古代ギリシャの哲学者。哲学の父ソクラテスの弟子。物事にはイデア（完璧な姿）があるとするイデア論を提唱。「西洋哲学の歴史とはプラトンへの膨大な注釈である」と言われる。**代表作：『饗宴《きょうえん》』『ソクラテスの弁明』**

【アリストテレス】〔BC384～BC322年〕

ARISTOTELĒS

古代ギリシャの哲学者。プラトンの弟子。「万学《ばんがく》の祖《そ》」とも呼ばれ、自然学・政治学・物理学などにも精通。リュケイオンという学校を設立するなど知を愛した。**代表作：『ニコマコス倫理学』『形而《けいじ》上学』**

【エピクロス】〔BC341頃～BC270年頃〕

EPIKUROS

古代ギリシャの哲学者。「友愛」を志し、俗世のわずらわしさから逃れ、平静を保つことこそ「快楽」であると説いたことで知られる。**代表作：断片のみで作品としてはない**

【キケロー】〔BC106～BC43年〕

MARCUS TULLIUS CICERO

古代ローマの政治家・思想家。懐疑主義、法律などを学び、共和政ローマで執政官《しっせいかん》にまで上りつめるが、カエサルが暗殺されたのち失脚。最期は自らも暗殺された。**代表作：『国家論』『義務について』**

【セネカ】〔BC4頃～AD65年〕

LUCIUS ANNAEUS SENECA

古代ローマの劇作家・哲学者・政治家。「ストイック」の語源ともなったストア派の代表的存在。暴君ネロの家庭教師も務めたが自殺を命じられた。**代表作：『生の短さについて』『怒りについて』**

【マルクス・アウレリウス】〔121～180年〕

MARCUS AURELIUS ANTONINUS

ローマ皇帝（在位161～180年）にして哲学者でもあったため「哲人皇帝」と呼ばれた。政治よりも学問を好んだようで、ストア派の思想にも傾倒していた。**代表作：『自省録』**

PHILOSOPHERS APPE

デカルト
〔1596〜1650年〕

フランスの哲学者・数学者。疑う余地のない「明晰《めいせき》判明」を真理の基準に置いた。さまざまなことは幻《まぼろし》かもしれないが、疑っている自分自身は存在している、ということを表す言葉「我思う、ゆえに我あり」が有名。**代表作：『情念論』『省察《せいさつ》』**

パスカル
〔1623〜1662年〕

フランスの数学者・物理学者・哲学者。人間はちっぽけな存在だが、考える能力により、さまざまなことができるという意味の言葉「人間は考える葦《あし》である」を残す。39歳で短い生涯を終えた。**代表作：『パンセ』**

スピノザ
〔1632〜1677年〕

オランダの哲学者で、「神とは自然である」と考えた汎神《はんしん》論者。当時、その主張は無神論者のものとされ、禁書とされた。レンズ磨き職人として生計を立てながら哲学の研究を続けた。**代表作：『エチカ』『知性改善論』**

マキャベリ
〔1469〜1527年〕

イタリア、ルネサンス期の外交官。理想の君主とはどういったものかを考えた現実主義的な政治思想家だったが、劇作家としても人気を博した。**代表作：『君主論』『戦術論』**

ベーコン
〔1561〜1626年〕

イギリスの哲学者。経験などから真理を見出す「イギリス経験論」を唱えた政治家でもあった。「知は力なり」という言葉で有名。**代表作：『ノヴム・オルガヌム』**

ホッブズ
〔1588〜1679年〕

イギリスの哲学者・政治思想家。自然状態では「万人の万人に対する闘争」が起こると提唱。平和を保つには国家（権力）を置き、社会契約を結ぶべきだという市民社会のあり方を説いた。**代表作：『リヴァイアサン』**

ARING IN THIS BOOK

ショーペンハウアー
［1788～1860年］

ドイツの思想家。この世の中は悲しみや悪に満ちたものだと考える「悲観主義」の立場をとった。森鷗外《おうがい》をはじめ日本の文豪や、ニーチェなどにも影響を及ぼしたと言われている。**代表作：『意志と表象としての世界』『自殺について』**

エマソン
［1803～1882年］

アメリカの詩人・思想家。当時権威を持っていた教会に通わなくとも信仰は可能だ、とした無教会主義の先導者。アメリカでは、実業家や政治家が「影響を受けた偉人」として名をあげることが多い。**代表作：『自己信頼』『自然について』**

ミル
［1806～1873年］

イギリスの哲学者・政治学者・経済学者。「満足した豚であるより、不満足な人間であるほうがよい」と、質的な幸福について考えた功利《こうり》主義者。有名な経済学者であった父の英才教育のもとで育ち、学校に通ったことは一度もない。**代表作：『自由論』『論理学体系』**

ヴォルテール
［1694～1778年］

フランスの小説家・啓蒙《けいもう》思想家。イギリス亡命後、母国に戻りイギリス文化を広げた。フランス革命の思想を準備したとされる『百科全書』の執筆者としても活躍したが焚書《ふんしょ》にあう。ルソーと親交があったが徐々に犬猿の仲となった。**代表作：『哲学書簡』『カンディード』**

ルソー
［1712～1778年］

フランスの思想家・小説家。『むすんでひらいて』を作曲、教育論『エミール』で注目を集めるなど多才ではあったが、ヒモ生活を送ったり痴漢で逮捕されたりするなど、破滅的な人格の持ち主だったという。**代表作：『社会契約論』『孤独な散歩者の夢想』**

カント
［1724～1804年］

ドイツの哲学者。「理性で人間はどこまで自然科学を理解できるのか」といったように、理性について考えた。代表著作3冊の題名には「批判」という言葉が入っており、批判主義の立場を取った。**代表作：『純粋理性批判』『実践理性批判』『判断力批判』**

PHILOSOPHERS APPE

デューイ
［1859～1952年］

アメリカの哲学者・教育学者。「正しい教育のあり方」を追求した。さまざまな学門に精通しており、機能心理学の第一人者でもある。アメリカ・プラグマティズム（実用主義）の代表的な人物としても知られる。**代表作：『経験と教育』『学校と社会』**

アラン
［1868～1951年］

フランスの哲学者。新聞で「日曜日のプロポ（コラム）」を連載する人気コラムニストでもあった。コラムのテーマは現代的で日常に寄り添ったものが多く、抽象的なことを難しく論じる哲学書とは一線を画している。**代表作：『幸福論』『定義集』**

ラッセル
［1872～1970年］

イギリスの数学者・哲学者。ヘーゲルの影響を受けた論理学者として活躍したが、数学や哲学の研究にとどまらずノーベル文学賞も受賞している。4度結婚しており、最後の婚《こん》姻《いん》は80歳。生涯にわたって恋愛を謳歌《おうか》した。**代表作：『結婚と道徳』『幸福論』**

キルケゴール
［1813～1855年］

デンマークの著作家・哲学者。コペンハーゲンの裕福な商人の家に生まれたお坊ちゃん。全体の幸福ではなく、個人にとっての生きがいとは何かを追求した。思い込みの激しいロマンチストで、実存主義哲学の先駆者。**代表作：『死に至る病』『あれか、これか』**

マルクス
［1818～1883年］

資本主義社会の危険性を提示した、ドイツの経済学者であり哲学者。科学的社会主義を創始。浪費家としても有名で、友人であった思想家エンゲルスに何度も金を無心し借金まみれの人生を送った。**代表作：『資本論』『経済学批判』**

ニーチェ
［1844～1900年］

ドイツの哲学者。ニヒリズム（虚無《きょむ》主義）からの脱却を説いた。「神は死んだ」とキリスト教批判をしたことでも有名。世界に価値を求めず、自ら価値を創造すべきだというマッチョな思想の持ち主だ。**代表作：『ツァラトゥストラ』『善悪の彼岸《ひがん》』**

ARING IN THIS BOOK

ハイデガー
［1889～1976年］

ドイツの実存主義哲学者。「存在論」や「死」について独自の理論を展開した哲学の巨人だが、ナチスに加担。山師《やまし》・詐欺師《さぎし》と呼ぶ人もいる。大学教授を務めつつ、教え子のハンナ・アレントとは不倫関係にあった。**代表作：『存在と時間』**

三木 清
［1897～1945年］

日本の哲学者。西田幾多郎《きたろう》を筆頭とする京都学派の一人。ハイデガーの教え子でもある。主にパスカルやマルクス研究者として高い評価を受けている。親鸞聖人《しんらんしょうにん》にも強い思いを寄せていた。**代表作：『人生論ノート』『認識論』**

バタイユ
［1897～1962年］

フランスの思想家・作家。「エロティシズム」や「死」について思索する一方、エロティシズムとグロテスクが過激に描写される小説なども執筆。秘密結社を結成するなどの活動も行っていた。**代表作：『エロティシズム』『眼球譚《たん》』**

ユング
［1875～1961年］

スイスの精神科医。フロイトの弟子であったが、のちに決別している。分析心理学を確立した。夢分析や、心の中に潜む「男らしさ」「女らしさ」など、共通無意識の研究なども行う。無類のオカルト好きでもあった。**代表作：『自我と無意識の関係』『心理学と錬金術』**

ヤスパース
［1883～1969年］

ドイツの精神科医・哲学者。ナチスの弾圧を受ける中、一人ではどうしようもできない状況を「限界状況」と名づけ、他人や超越者との「実存的交わり」によってそれを乗り越えていけるのだと熱弁を振るった。**代表作：『哲学入門』『われわれの戦争責任について』**

ヴィトゲンシュタイン
［1889～1951年］

イギリスの哲学者。分析哲学の代表的人物で、言語と世界の関係について追求。哲学に傾倒する前は航空学や数学を学んでいた。自殺家系であったためか、気を病むことの多い生涯を過ごしたようだ。**代表作：『論理哲学論考』『色彩について』**

フランクル
［1905～1997年］

オーストリアの精神医学者で、フロイトやアドラーの弟子でもある。ナチスに強制収容され家族を失った。その絶望的な体験から、「不条理な人生」との向き合い方を綴《つづ》った著作を出版。いまも世界中で読まれ続けている。
代表作：『夜と霧』『死と愛』

ハンナ・アレント
［1906～1975年］

アメリカの政治学者・哲学者でユダヤ人。ハイデガーの教え子であり愛人でもあったが、ハイデガーがナチスに加担したのち、アメリカに亡命。「悪は、悪人ではなく、思考停止の凡人《ぼんじん》がつくる」など、大衆社会の研究も行った。**代表作：『人間の条件』『暴力について』**

レヴィ＝ストロース
［1908～2009年］

フランスの文化人類学者。サルトルの実存主義を批判し構造主義を台頭させた。民俗学者としてブラジルでフィールドワークを行い、インディオ文化を研究。親日家で、勲二等旭日重光章《くんにとうきょくじつじゅうこうしょう》（当時）を授与されている。**代表作：『野生の思考』『悲しき熱帯』**

フロム
［1900～1980年］

ドイツの精神分析学者・社会思想家で、ヤスパースの教え子。個人精神分析ではなく分析社会心理学が専門。マルクス主義に傾倒していたことから、フロイト左派とも呼ばれる。サディズム・マゾヒズムなどについても研究した。
代表作：『自由からの逃走』『愛するということ』

エリック・ホッファー
［1902～1983年］

アメリカの社会哲学者。幼少期に盲目《もうもく》となり、青年になる過程で奇跡的に視力を取り戻した。底辺労働の場に身を置き、大学で教鞭《きょうべん》をとるようになってからも労働を続け、現場から社会を眺めた。大統領自由勲章《くんしょう》も贈呈されている。**代表作：『波止場《はとば》日記―労働と思索』『魂の錬金術』**

サルトル
［1905～1980年］

フランスの実存主義哲学者・小説家・劇作家。「人間は自由の刑に処せられている」などの言葉が有名。積極的に社会運動にも参加。内縁の妻的な存在で、思想家でもあったボーヴォワール公認のもと、複数の恋人を持っていた。
代表作：『実存主義とは何か』『嘔吐《おうと》』

ARING IN THIS BOOK

【ロジェ・カイヨワ】
［1913～1978年］

フランスの哲学者・批評家・編集者。「遊び」や「聖なるもの」（聖性）について研究。遊びを「競争」「偶然」「模倣《もほう》」「眩暈《めまい》」など4つの類型に分けて考え、そこから「人間性」の考察をした。**代表作：『遊びと人間』『人間と聖なるもの』**

【シモーヌ・ヴェイユ】
［1909～1943年］

フランスの思想家。第二次世界大戦に巻き込まれ34歳でこの世を去る。「不幸から目をそらさず、まっすぐに見る」「恩寵《おんちょう》だけが魂を下降させない」など、神学的要素がつまった彼女の人生哲学は、死後注目された。**代表作：『自由と社会的抑圧』『重力と恩寵』**

【この本の楽しみ方】

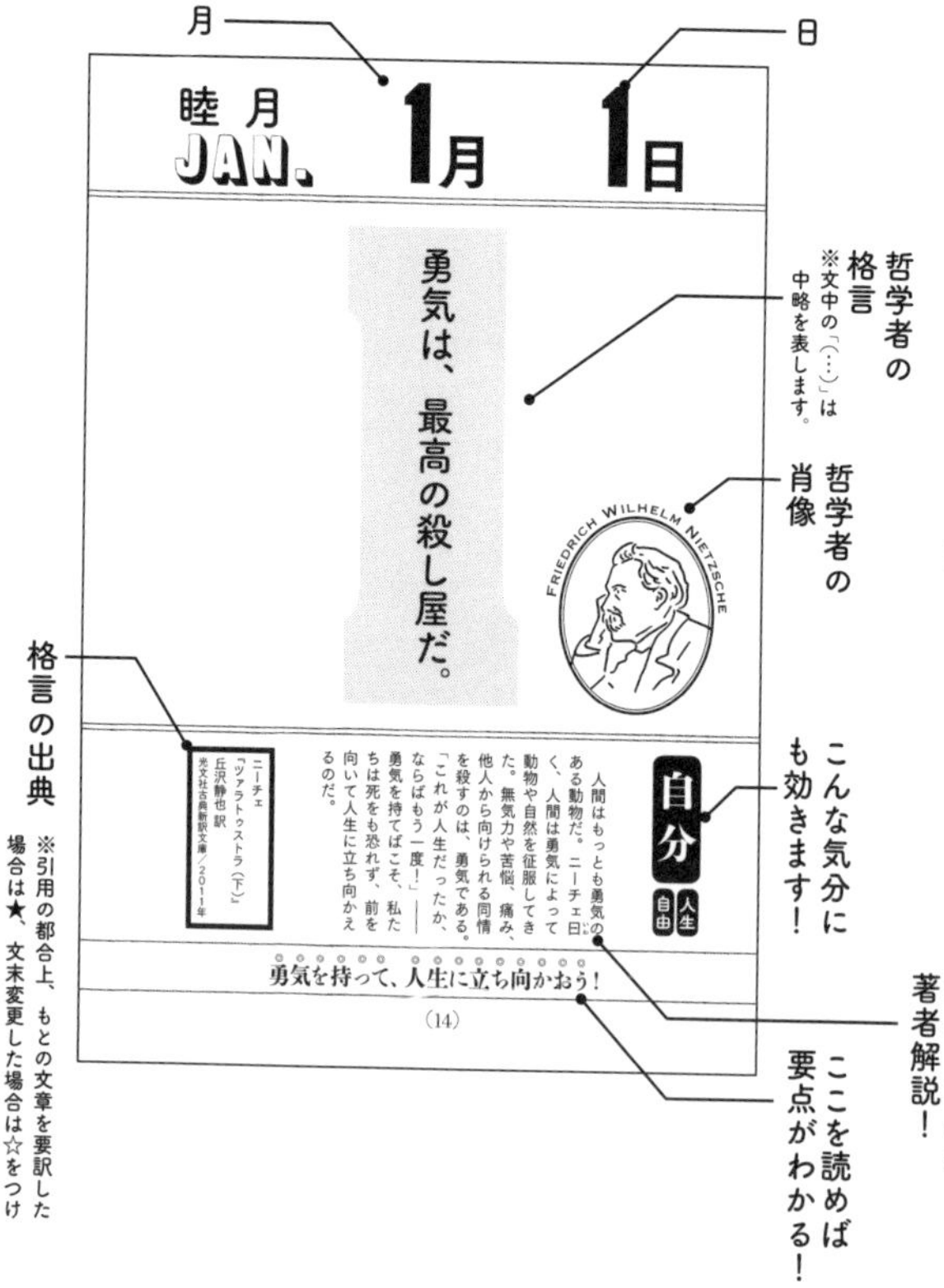

※引用の都合上、もとの文章を要訳した場合は★、文末変更した場合は☆をつけています。変更を加えた場合も、もとのニュアンスや表現を尊重し、意図が変わらないよう最大限に配慮しています。表記統一は格言部分には適用していません。

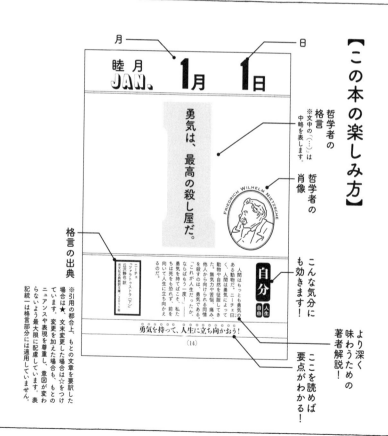

1月

決断

あれか、これか。どちらでもないか。

JANUARY

睦月 JAN. 1月 1日

勇気は、最高の殺し屋だ。

自分

人生 自由

人間はもっとも勇気のある動物だ。ニーチェ曰《いわ》く、人間は勇気によって動物や自然を征服してきた。無気力や苦悩、痛み、他人から向けられる同情を殺すのは、勇気である。「これが人生だったか、ならばもう一度!」――勇気を持てばこそ、私たちは死をも恐れず、前を向いて人生に立ち向かえるのだ。

ニーチェ
『ツァラトゥストラ(下)』
丘沢静也 訳
光文社古典新訳文庫/2011年

勇気を持って、人生に立ち向かおう!

睦月 JAN. 1月 2日

悲観主義は気分に属し、楽観主義は意志に属する。

ALAIN

人生 自分 憂鬱

上機嫌というのは、自然とやってくるものではなく、自らの意志と自制によってもたらされる。気分にまかせていれば、悲観的になりやすいのが人間。これは、切ったリンゴを放置していれば、だんだん酸化して黄色くなってしまうのと同じ。感情を野放しにしているだけでは、「悲観的な気分」に陥りやすいものだ。では、どうすれば気持ちを酸化させずにすむのか？　自らで「楽しく」努める工夫が必要である。

アラン『幸福論』石川湧訳
角川ソフィア文庫／2011年

気分にまかせていると悲観的になりやすい

睦月 JAN. 1月 3日

人生に対して熱意を持っている人は、持っていない人よりも有利な立場にある。

人生

幸福 欲望

冒険好きな人からすると、どのようなハプニングも楽しめるものである。人生に対する熱意があればこそ、予想外の事態も「新しい経験ができた」と前向きに捉えられるのだ。しかし熱意がなければ、予想外の出来事に対し、自分が損しているかのような感覚を覚えてしまう。熱意は興味と言ってもよい。人生で起こるあらゆることに興味を持てる人は、持たない人よりも、より多くの喜びの機会を見つけられる。

B.ラッセル『ラッセル幸福論』安藤貞雄 訳
岩波文庫／1991年

熱意は最強のポジティブ

睦月 JAN.

1月 4日

人生の舵《かじ》取りは、金庫の数字合わせのようなものである。つまみをひとひねりしても、金庫が開くことは稀である。

人生 時間 仕事

ラッキーで人生が好転する、ということは期待しないほうがいい。ホッファーは7歳で失明し盲目となったが、15歳のときに視力が回復。その後職を転々とし、独自の思想を築き上げた社会哲学者である。波乱万丈な人生を生きた中で彼は、常に社会の底辺に我が身を置き、そこから社会を眺めた。彼はラッキーを期待することよりも、自分の意思で前進後退できることが、人生における救いであると考えた。

エリック・ホッファー
『魂の錬金術』中本義彦 訳
作品社／2003年

ラッキーを期待せず、自分の意思で前進後退

睦月 JAN. 1月 5日

「あたかも、
二度目の人生を送っていて、
一度目は、ちょうどいま
君がしようとしている
ようにすべて間違った
ことをしたかのように、
生きよ」

人生

時間 自由

いまが、2回目の人生だったとして、1回目も同じところでつまずき、同じように選択しようとしていたとしても、その選択肢を今回も選ぶのか。そう心に尋ねてみることで、都合のいい言い訳に甘えることのない、人生に対する責任が生まれる。この言葉は「自分なりの幸福やルールが、常に同時に、誰しもに当てはまるルールとして、通用し得るような正しい行いをしなさい」というカントの教えにならっている。

V・E・フランクル『それでも人生にイエスと言う』山田邦男・松田美佳 訳
春秋社／1993年

◎◎◎◎◎◎◎◎◎◎◎◎◎

その選択肢を今回も選ぶのか？

睦月 JAN.

1月 6日

時には人々の期待に全く反して行動する勇気をもたねばならぬ。

自由

他者　孤独

かつての秀才が、年を重ねて平凡な人になってしまうことがある。それは、三木清の表現を借りるなら、世間が期待した通りの人間になろうとしすぎて、自分自身を「発見」できなくなった結果だろう。私たちの生活は、他人や社会からの期待の上に成り立っている。その期待を聞き入れてばかりいると、自分自身が見失われる。期待に反する勇気が、ときには必要だ。

三木清『人生論ノート』
新潮文庫／1978年

周囲の期待を「無視する力」も必要だ

睦月 JAN.

1月 7日

ずっと自分を
大事にしてきた人は、
大事にしすぎたため
最後には病弱になる。

自分

憂鬱　孤独

　厳しさにふれず、自分自身を大切にしすぎると、結果として自分を弱くしてしまう。たくさんのものを見たり、さまざまな経験をしたりするために、自分を無視することもときには必要だ。心の声にばかり耳を貸して、拡声器を当て続けてやることが、自分のためになるとは限らない。私たちの目には前景しか映らないことを自覚しよう。視野を広げたいならば、いまの自分に囚《とら》われない視点が必要だ。

ニーチェ
『ツァラトゥストラ（下）』
丘沢静也 訳
光文社古典新訳文庫／２０１１年

◎◎◎◎◎◎◎◎◎◎◎◎◎◎◎◎

いまの自分に囚われない視点を持つ

睦月 JAN.

1月 8日

私がしなければならないのは、私にかかわることだけであって、他人が考えていることではない。

自由

他者 仕事

多数派の意見に従うのは簡単なことである。それと同じように、一人きりの状況で自分の声に忠実でいることも、実はたやすい。本当に偉大な人というのは、大勢の中にあってもなお、自分の声に忠実でいられる人である。彼らは独立心を保ちながら、友好的に人と接することができる。これは大きな美徳だろう。

ラルフ・ウォルドー・エマソン『自己信頼［新訳］』
伊東奈美子 訳
海と月社／2009年

独立心を保ちながら、友好的でいられるのは美徳だ

睦月 JAN.

1月 9日

わざわいは避けるな、雄々しく立ち向かえ。

人生

孤独 他者

「人は戦ってはじめて成功を収めることができる、そして武器を持ったまま死ぬのだ」と言ったのは啓蒙《けいもう》思想家のヴォルテールだが、ショーペンハウアーはまさにこの言葉を引き合いに出し、「人生は戦いだ」と述べた。何と戦うのか？ 運命や人である。望ましくない出来事があっても、好転するまで、絶えず抵抗すべし。

ショーペンハウアー
『幸福について――人生論』
橋本文夫訳
新潮文庫／1958年

人生は戦いだ。運命や人との

睦月 JAN.

1月 10日

選ばなくてもやはり選んでいるのだ。

自由

人生 仕事

私たちは、能動的に選択したことだけを「選んでいる」と思いがちだ。しかし、実際はそうではない。一見何も選択をせず、受動的な態度に見える人であっても、「受動的でいること」を選んでいるのだし、「現状を拒まないこと」を選んでいる。「気まぐれ」な選択など、ない。

J-P・サルトル『実存主義とは何か』伊吹武彦他 訳
人文書院／1996年☆

「選ばない」ことも選択のひとつ

睦月 JAN. 1月 11日

原因は人間の
怠惰《たいだ》と臆病にある。
（…）未成年の状態に
とどまっているのは、
なんとも楽なことだ。

自分
他者
仕事

カントによると「未成年の状態」とは、大人であるにもかかわらず、他人から指示をもらいたい、決めてもらいたいと思っている状態のことだ。自分で考えるのではなく、他人の考えに従いたいという欲求の根本にあるのは、「怠惰と臆病」以外の何ものでもない。カントは、古代ローマの詩人ホラティウスの「あえて賢かれ！（Sapere aude）」という言葉を用いて、自分で考える勇気を持つ大切さを説いている。

カント『永遠平和のために／啓蒙とは何か 他3編』
中山元 訳
光文社古典新訳文庫／2006年

自分で考える勇気を持て！

睦月 JAN. 1月12日

幸福でありたいと
願うことのできる者を
ほんとうに
不幸にすることは、
ほかの人間にはできない。

幸福

自分 孤独

本当の幸福の「源泉」は自分自身の内にあるので、他の人間によって枯《こ》渇《かっ》させられるということはあり得ない、とルソーは説く。ルソーは教育について書いた『エミール』を刊行したあと、スイスとフランスで迫害を受けた。ルソーはこれを陰謀によるものだと認識していたが、そういった不幸な経験から、自分の中にゆるぎない源泉があることを発見したのである。

ルソー『孤独な散歩者の夢想』今野一雄 訳
岩波文庫／1960年☆

幸福の「源泉」は自分自身の内にある

睦月 JAN. 1月13日

君たちの生は（…）自然のままに放置すれば足早に過ぎ去り、理性を用いれば長くすることのできるものであるが、君たちから逃げ去るのは必然である。

時間

欲望 他者

他人に金を貸すより、時間を貸すほうが抵抗感は少ないものだ。時間は減っていくばかりで、稼ぐことができない。金は減っていくが、稼ぐことができる。ひたすら少なくなっていく時間を、私たちは「まだ余分にある」とムダ使いし、見くびる癖《くせ》がついてしまっている。金を使うときと同じように、時間に対しても理性を行使すべきときがきたのではないか。

セネカ『生の短さについて 他二篇』大西英文 訳
岩波文庫／2010年

金を貸すより、時間を貸すほうが抵抗感は少ない

睦月 JAN.

1月14日

前進への最良の刺激は、われわれが逃げ出さなければならない何かをもつことである。

自分
人生
仕事

現状に不満を持っていたとして、その状況から抜け出したい、逃げ出したいと思うことは悪いことだろうか。ときに不満は、前進のための動力となる。逃げ出したいという思いは、「現状よりもよくなりたい」という願いがあるから生まれるのであり、不満から生まれる衝動は、最良のエンジンとなり得るのだ。

エリック・ホッファー
『魂の錬金術』中本義彦 訳
作品社／2003年

不満は前進するためのエンジン

睦月 JAN.

1月 15日

他人の意見と対照して、自分の意見の間違いを正し、足りない部分を補う。これを習慣として定着させよう。

自分

他者 仕事

　自分とは反対の意見に耳を傾け、その意見を参照することにより、自分の考えやスタンスを再認識することができる。つまり反対意見を聞き入れることは、自分の中の疑念やためらいといったバグをなくすための作業と言えるのだ。「反対意見もあるけれども、自分はこういう理由でこう考える」というように、他人の意見と向き合うことを通じて、自分の考えに死角がなくなっていく。

ミル『自由論』斉藤悦則 訳
光文社古典新訳文庫／2012年

反対意見を聞き入れることで死角がなくなる

睦月 JAN.

1月16日

臆病な人とは、
一種の「望みをもてない人」
なのである。

憂鬱

人生　欲望

恐れるということは、希望のないビジョンにばかり目をやるということである。そんな状況を打ち破るには、勇気を持つことだ。アリストテレスは、自信を持つことは、望みを持つ人の特徴であるとも続ける。勇気を持つことは、希望あるビジョンに目を向けること。そしてたどり着く方法を摸索し、行動することだ。希望を思い描くことで、おのずと自信は湧いてくる。

アリストテレス
『ニコマコス倫理学（上）』
渡辺邦夫・立花幸司 訳
光文社古典新訳文庫／2015年

希望を思い描くことで、おのずと自信は湧いてくる

睦月
JAN.
1月17日

人間というものは、危害を加えられると信じた人から恩恵を受けると、恩恵を与えてくれた人にふつう以上に、恩義を感じる。

他者
自分
孤独

政治思想家のマキャベリ曰く、場をコントロールするためには、そこにいる人たちを味方につけなくてはならない。そのために有効な方法として、めぐみを与えたり、情けをかけたりするという手がある。悪い印象の人が少しでもいい面を見せると、それがプラスに働くように、恐怖の対象である人から優しくされると、普通以上に好意を抱きやすいのである。

マキャベリ『新訳　君主論』
池田廉訳
中公文庫／1995年☆

その場にいる人たちを味方につけなくてはならない

他人を説得したいという衝動は、自分自身を説得しなければならないとき最も強い。

自分

他者 欲望

心から自分自身を納得させることは、実は難しい。だからこそ、私たちはいつも他人の目を通して、自分には価値があると証明されたがる。心のどこかで半信半疑なことを、正しいかどうかを確認するには、他人を説得し、持ち上げてもらうのがいちばん手っ取り早い。他人からの評価が、自分にとってある種の「証明」となるのだから。でもそれは本当に、自らの価値の証明と言えるだろうか？

エリック・ホッファー
『魂の錬金術』中本義彦 訳
作品社／2003年

自分自身を説得するのは難しい

睦月 JAN.

1月19日

心に思想をいだいて
いることと
胸に恋人をいだいて
いることは
同じようなものである。

自分

欲望 仕事

感動に身を震わせる瞬間は、「このときを忘れることはない！」と記憶力を過信する。だが、書きとめておかなければ忘れたり、興味を失ったりするのが常である。ショーペンハウアーは、「最愛の恋人も結婚によってつなぎとめなければ、我々を避けてゆくえも知れず遠ざかる危険がある」と続ける。書きとめることで、一瞬の感動をとどめておくことができるのだ。手放したくなければ、書きとめるべし。

ショウペンハウエル
『読書について 他二篇』
斎藤忍随 訳
岩波文庫／1960年

手放したくなければ、書きとめるべし

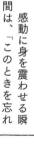

睦月 JAN.

1月20日

いま考えていることを
断固として語りたまえ。
そして明日は、たとえ今日
いったことのすべてと矛盾
していても、そのときに
考えていることを
断固として語るのだ。

自分 他者 仕事

「一貫性」を死守しなければ罰せられる。私たちはそのような恐怖を持って生きているのではないか。過去の自分と いまの自分の発言にズレがないかと、鏡を気にしては顔の見えない看守《かんしゅ》に怯えている。誰もいない深夜の歩道でも、赤信号になれば立ち止まるように、見えない看守に見張られているかのように身がまえては、自分で自分を監視しているのである。

ラルフ・ウォルドー・エマソン『自己信頼［新訳］』
伊東奈美子 訳
海と月社／2009年

一貫性を気にするな。怯えるな

睦月 JAN.

1月21日

信じるというのは、ただ「それが」真実だと信じるということではありません。それ以上、ずっとそれ以上なのです。信じることを真実のことにするのです。

V・E・フランクル『それでも人生にイエスと言う』山田邦男・松田美佳 訳 春秋社／1993年

人生 自分 孤独

信じるというのは、可能性に期待を寄せることではなく、可能性を自ら実現させる、ということである。つまり、「意味がある」と信じることは、「意味がある」と希望を持つことではなく、身をもって「意味があった」と証明することなのだ。そう考えると、信じるという行為の本質は、「思うこと」以上に「行動に移すこと」にあるのではないか。

「信じる」ことは「証明する」こと

睦月 JAN. 1月22日

今日の成功は
明日の挑戦にすぎない。

自分

人生　時間

どれほど高みにのぼっても、ずっとその場所にい続けることを考えた瞬間、人は不安にさいなまれるものだ。現状維持とは安定ではない。現状は時間とともに先細っていくもの。それを理解していれば、一か所にとどまることは、不安やプレッシャーとの戦いだとわかる。自信と自尊心も同じだ。このふたつは、些細な失敗で崩れやすい。自信と自尊心を劣化させないためには、挑戦し続けることである。

エリック・ホッファー
『魂の錬金術』中本義彦訳
作品社／2003年

挑戦が心の劣化を防ぐ

睦月 JAN.

1月23日

慎重であるよりは、むしろ果断に進むほうがよい。(…)運命は女神だから、彼女を征服しようとすれば、打ちのめし、突きとばす必要がある。

マキャベリ『新訳 君主論』
池田廉 訳
中公文庫/1995年

孤独

人生 欲望

マキャベリは、運命を人格化してこのようにたとえている。運命を屈服させ、自らが主導権をにぎるためには、慎重でいるだけではいけない。むしろ、こちらからつき放すくらいの力と勢いを持つことで、運命を言いなりにしなければ、そっぽを向かれてしまうだろう。

運命を言いなりにしないと、そっぽを向かれてしまう

睦月 JAN.

1月24日

活動ぬきに
快楽は生じず、
いかなる活動も
快楽が完成させる。

欲望

人生　幸福

音楽家が、優れた聴覚から心地よいメロディーを生み出すことには、一種の快楽がともなう。登山家が、鍛えられた脚力を使って高山に登頂することも同じだ。アリストテレス曰く、「快楽は活動に付随するテロスである」。テロスはギリシャ語で「目的」のこと。これは目的の達成には快楽が必要、という意味ではない。得意な能力を駆使して得意な活動をするとき、おまけに快楽がついてくる、ということだ。

アリストテレス
『ニコマコス倫理学（下）』
渡辺邦夫・立花幸司訳
光文社古典新訳文庫／２０１６年

得意な能力を駆使して得意な活動をする

睦月 JAN.

1月25日

愛は能動的な活動であり、受動的な感情ではない。そのなかに「落ちる」ものではなく、「みずから踏み込む」ものである。

恋愛

自分 他者

愛は、感情の奴隷《どれい》ではない。愛を与えるということは、行動であり実践である。また愛を与えることは、こちらが損することでも、犠牲を払うことでもなく、見返りを求めることでもない。自分は犠牲を払っているという思い込みから、自分のプライドを満たすようなものであってもいけない。愛は自発的に行われる行為であり、決意である。

エーリッヒ・フロム
『新訳版 愛するということ』
鈴木晶訳
紀伊國屋書店／1991年

愛は感情の奴隷ではない。決意そのものだ

ぼた餅は落ちて来ない。ほしいものはすべて山のようなものだ。

欲望

自分 人生

アラン曰く、欲しいものとは「山」のようなものである。つまり、前方にそびえ立つ山のように、自力でよじ登らない限り手に入らない。よじ登るのはしんどいが、途中でよじ登ることをやめない限り、間違いなく山頂にたどり着くことができるのである。

アラン『幸福論』石川湧訳
角川ソフィア文庫／2011年

自力でよじ登らない限り、欲しいものは手に入らない

睦月 JAN.

1月27日

欲望は、それが実現される
であろう手段にまで
転換されないかぎり、
虚しい空中楼閣《ろうかく》にすぎない。

欲望

人生 時間

欲望を幻で終えないためにはアイデアが必要だ。しかしアイデアだけではいけない。そこに欲望を混ぜ合わせ、動力を生まなくては、幻のままだ。教育者で、哲学者のデューイは家を例に出した。新築の家を建て、家庭を安全にしたいなら、図面、仕様書、資金や融資先、用地などを考える必要がある。大事なのは客観的事実にもとづく判断と観察を織り交ぜることだ。それがないと、欲望は慰《なぐさ》めにしかならない。

ジョン・デューイ
『経験と教育』市村尚久 訳
講談社学術文庫／2004年

欲望を幻で終えないために必要なのはアイデアと行動

睦月
JAN.

1月28日

先見性をもたなければ、
逆境に君の支配権を
委ねることになる。
先見性があれば、
逆境を打ち砕くのが
常なのだ。

人生
仕事
時間

いかなることも起こり得る、という用心深さを持っているかどうかで、逆境を乗り越えられるかどうかが変わってくる。逆境に打ちのめされないためには、先見性を持つことだ。セネカはその才能ゆえに、当時のローマ皇帝カリグラの嫉妬《しっと》を買い、処刑されそうになった。姦通《かんつう》罪の容疑をかけられ島流しにされたこともあった。しかし、理不尽な境遇にあっても、セネカは「生」に真剣に向き合い続けた。

セネカ『生の短さについて 他二篇』大西英文 訳
岩波文庫／２０１０年★

用心深さは、ピンチの救世主

睦月 JAN. 1月29日

自分自身を「信じている」者だけが、他人にたいして誠実になれる。

自分

他者　仕事

表面的な意見が変わったとしても、根本的な動機はそうそう変えられないものである。自分自身の「動機」は何なのか？　その動機に自己欺《ぎ》瞞《まん》はないか？　確信を持てるまで何度も自分を疑うことで、動機やスタンスが明確になる。動機にごまかしのある人は、他人に対して誠実にはなれない。自分を貫く一本の軸を見つけよう。

エーリッヒ・フロム
『新訳版 愛するということ』
鈴木晶 訳
紀伊國屋書店／1991年

自分を貫く一本の軸を見つけよう

睦月 JAN.

1月30日

運命はトランプをまぜ合わせ、われわれがそれで勝負する。

人生

自分 自由

生まれた環境や才能は人によって異なる。配られた手札でどのような戦略を立てるかは自分次第。いまある手札を生かせるか否かも、自分にかかっている。しかし、人間関係となるとそうもいかない、というのがショーペンハウアーの見解だ。人間関係となると、将棋の対局のように、自分の中に「こうしたい！」という作戦があったとしても、相手の出方に応じて作戦を変更しなければならないのである。

アルトゥール・ショーペンハウアー
『孤独と人生』金森誠也 訳
白水uブックス／2010年★

いまある手札を生かせるかどうかは自分次第

先駆的決意性が私たちをかけがえのないものにする。

自分
人生
欲望

死は一見ネガティブだが、ポジティブなものとして捉えることもできる。「自分がいつか死んでしまうこと」を実感し、覚悟する。そうすることによって、残された時間と自分の存在が、価値あるものに思えてくるのだ。「自分がいつか死んでしまうこと」を意識することで、いまという時間を大切にできる。「本気で生きよう」と、決意することができるのだ。

マルティン・ハイデッガー
『存在と時間〈下〉』
細谷貞雄 訳
ちくま学芸文庫／1994年★

死を意識することで、本気で生きようと決意できる

2月

自分

近すぎて、わからないことばかり。

FEBRUARY

如月 FEB. 2月 1日

常に仮面をつけて生きる者の生は楽しくもなく、心穏やかでもない。

他者

仕事 憂鬱

セネカの言うように、常に他人に評価されているかのように、人目を気にして生きることは窮屈極まりない。他人の期待に応えられているか、失望されているのではないか、という不安がつきまとうからだ。誰しもが社会的な仮面（ペルソナ）を持っている、と指摘したのは精神科医のユングである。自分に合わないペルソナを器用に使いこなせる人ほど注意が必要だ。気づかぬ内に無理にたたられるだろう。

セネカ『生の短さについて 他二篇』大西英文 訳
岩波文庫／2010年☆

器用な人ほど注意が必要

如月 FEB. 2月 2日

読書は言ってみれば
自分の頭ではなく、
他人の頭で考える
ことである。

他者

孤独 仕事

言ってしまえば読書は、他人の頭で考えた見解や理論を眺め、思考の過程を追体験する行為である。自分の頭を使っているように思えても、自分で考えているわけではない。他人の頭を借り物にしているにすぎないのだ。「読書＝学習」という等式は単純には成立しない。疑いを持って読んだり、読んだ内容に対して自分自身で考えてみたりしてはじめて、自分の頭を使ったことになる。

ショウペンハウエル
『読書について 他二篇』
斎藤忍随 訳
岩波文庫／1960年

「読書＝学習」ではない

如月 FEB. 2月 3日

身を焦がす不平不満というものは、その原因が何であれ、結局、自分自身に対する不満である。

憂鬱

欲望　孤独

「自分が思っている以上に、自分が大切にされていない現実」を目の当たりにしたとき、つい愚痴《ぐち》をもらしたくなる。これは自分の価値がゆらぎ、信じられなくなっているサインとも言える。自分の価値に対して疑いがないときや他者と一体感を感じられるときは、どんな困難や屈辱にも正面から立ち向かおうと思えるものだ。ちなみに、不当な扱いを受けていると思うときは、自分を持ち上げすぎている場合もある。

エリック・ホッファー
『魂の錬金術』中本義彦 訳
作品社／2003年

自分を持ち上げすぎていると愚痴をこぼしやすくなる

如月 FEB. 2月 4日

自分にとって、すでに意味を失った慣習に従う必要はない。

自由

孤独 他者

周囲に流されることなく、独立心を持つこと。エマソンは、信仰心は教会の制度に従うことで生まれるものではなく、聖書やロザリオを手に、個人の心の中で育んでいくものであってもよいはずだ、と説いた。「無教会主義」の先導者として活躍したエマソンの知名度は、日本では高くないが、アメリカでは実業家や政治家たちが影響を受けた人物としてよく名をあげるようだ。

ラルフ・ウォルドー・エマソン『自己信頼［新訳］』
伊東奈美子 訳
海と月社／2009年

周囲に流されることなく、独立心を持とう

如月 FEB. 2月 5日

利己的な人は、自分を愛しすぎるのではなく、愛さなすぎるのである。

孤独

恋愛 他者

利己的な人は、一見自分を愛しているように見えるが、愛が深いゆえに利己的なのではない。実際には、自分を愛せないがために、その埋め合わせとして利己的になっているのだ。心のどこかで、そのままの自分が必要とされているわけではない、自分は無償の愛をもらうことができない、という発想があるからこそ、埋め合わせに必死になるのである。

エーリッヒ・フロム
『新訳版 愛するということ』
鈴木晶 訳
紀伊國屋書店／1991年

利己的な人ほど、愛に飢えている

如月 FEB. 2月 6日

嫉妬は、自分の位置を高めようとすることなく、むしろ相手を自分の位置に低めようとする行為である。

他者

仕事 恋愛

嫉妬から起こる陰口には、自分が努力して相手に勝ろうという向上心がない。それは、ただ相手を見下すことで相手の上に立とうとする、虚しく卑劣《ひれつ》な手法である。「自分のほうが上だ！」と決め込みたいのに、誰もがそう認めるような状況にまで自分を高める労力はかけたくない。嫉妬とは、こうした矛盾が生み出す負の感情である。

三木清『人生論ノート』
新潮文庫／1978年★

陰口をたたくのは向上心のなさの表れ

如月 FEB. 2月 7日

そもそも自己愛がなければ社会というものも形成されず、存続もしえない。

他者

仕事 幸福

性欲がなければ子孫が繁栄せず、食欲がなければ身を養えないように、自己愛がなければ他人を愛することはできない。自己中心的であることはよくないと思われがちだが、自己愛があるからこそ、それぞれが「自分にとってよりよい社会とは何か？」と意見を持ち寄り、議論し、多くの人にとってよりよい社会が発展することになる。ちなみに、たいていの場合、カリスマ的な人ほど自己愛が大きい。

ヴォルテール『哲学書簡』
斉藤悦則 訳
光文社古典新訳文庫／2017年

まず、自分を愛せるようになろう

如月 FEB. 2月 8日

われわれは他人に似せるため、きびしい自己放棄によって自身の四分の三を捨てなくてはならない。

他者

自由　孤独

他人と調子を合わせすぎることは、自分を喪失することに等しい。とりわけ社交の場においては、自分の心を殺すことを強いられる場合がある。話が合うわけでもないのに話を合わせ、他人にへつらうだけの場は、本当に必要だろうか？　そこで得られるものに、自分自身を偽るほどの価値はあるのだろうか？

アルトゥール・ショーペンハウアー
『孤独と人生』金森誠也 訳
白水uブックス／2010年

人に合わせるために、自分を捨てなくてもよい

如月 FEB. 2月 9日

自己にうち克《か》つ機会を与えてくれるのは、ぶつかって乗りこえねばならない障《しょう》碍《がい》である。

仕事

欲望 孤独

芸術やスポーツのように楽しく見える活動においても、厳密さや精巧さを追求する中で障害は生まれてくる。技術を向上させていこうとすると、楽しいだけでは越えられない壁にぶつかることになるのだ。しかし、その障害によって、人は自分を成長させていくことができる。制約や規律があるからこそ、自分をコントロールする力も生まれるのである。

シモーヌ・ヴェイユ
『自由と社会的抑圧』
冨原眞弓 訳
岩波文庫／2005年

楽しく見えることでも、上達するには努力がいる

如月 FEB. 2月 10日

好奇心は知の欲求である。

欲望

人生 憂鬱

「なぜこうなったのだろう?」「これはどうしたことか?」。わざわざ原因を追求したくなる欲求は、人間特有のものである。動物は、肉体的な快楽は求めても、このような「原因追求の欲求」に駆り立てられることはない。あえて物事の原因を知ろうとする欲求は、肉体的な快楽と違って、私たちに持続的な快楽をもたらしてくれる。

ホッブズ『リヴァイアサン1』角田安正 訳
光文社古典新訳文庫/2014年

わざわざ物事の原因を知ろうとする欲求は、人間特有

如月 FEB. 2月 11日

「哲学すること」は生活上の必要に拘束された状態から目がさめるようなものであります。

自由

人生 幸福

自分の知っていることを、「ハッ！」とするような覚醒をもって認識し直すこと。これは、哲学することにともなうある種の「目覚め」である。ニュートンが樹からリンゴが落ちる様子を見て「ハッ！」としたように、日常にひそむ「目覚め」の経験によって、私たちは常識の殻《から》を破ることができる。なお、この「ハッ！」とする体験のことを哲学用語で「タウマゼイン」と呼ぶ。

ヤスパース『哲学入門』
草薙正夫 訳
新潮文庫／1954年

私たちは常識の殻を破ることができる

如月 FEB. 2月12日

不幸に含まれている
栄誉（…）は非常に
大きいので、だれかが人に
「しかしなんとあなたは
幸福なんでしょう！」
というと、人は通常
抗議するほどである。

憂鬱

他者　孤独

「不幸」にはある種の栄誉がある。「不幸」の味を知っているということには、「深み」を知っているというニュアンスも含まれるからだ。「幸福しか感じない人は平凡だ」と考えている人に「幸せ者ですね」と言い放つことは、相手の「深み」を否定することになるので、不快感を与えることになりかねない。相手からすれば、「あなたの人生は大味《おおあじ》ですね」と決めつけられたようなものだろう。ニーチェらしい皮肉だ。

フリードリッヒ・ニーチェ
『人間的、あまりに
人間的 I』池尾健一 訳
ちくま学芸文庫／1994年

「不幸」にはある種のうまみがある

如月 FEB. 2月13日

自己欺瞞《ぎまん》に基づく満足は、
決して堅実なものではない。

憂鬱

欲望 恋愛

あることに対して心の片隅で疑いを持っていると、あらゆる仮説を思い描いては、自分が納得できる妄想を信じ込むしかなくなってしまう。自分が軽んじられたときほどそうだ。「こういう背景があって、こうなってしまったのだ」と、無理やりな仮説で自分を慰めるのはみじめである。どんなに不愉快なことでも、現実をありのまま受け入れよう。

B.ラッセル『ラッセル幸福論』安藤貞雄 訳
岩波文庫／1991年

どんなに不愉快なことでも、現実をありのまま受け入れる

如月 FEB. 2月14日

本当は自分に不満を感じていながら（…）他人に自分の不満をぶちまけるとき、われわれは結局自分の判断をぼやかしたりだましたりしようと努めているのである。

他者

仕事 憂鬱

私たちはごまかしのために、他人に不満をぶつけることがある。本当は自分自身に不満があるのに、自らの落ち度を直視することを避けたいがために、見ないようにしてしまうのだ。ニーチェは、人間の動機は必ずしも正確ではないと見抜いていた。つまり、「もっともらしいことを言われても、言われたときの調子が気に入らなかった場合、その意見に反対する」のだ。

フリードリッヒ・ニーチェ
『人間的、あまりに人間的Ⅰ』池尾健一訳
ちくま学芸文庫／1994年☆

人は自分へのいらだちを他人に向けることがある

如月 FEB. 2月15日

私は人間の諸行動を笑わず、歎《なげ》かず、呪詛《じゅそ》もせず、ただ理解することにひたすら努めた。

孤独

憂鬱 仕事

スピノザは理性に重きを置いた。これはもちろん、感情を殺せということではない。感情は確かに人間らしいものであるが、理性も人間らしいものである。怒りや悲しみが湧いたら「いま私は○○なことがあって悲しいんだ、怒っているんだ」と感情を冷静に観察してみよう。すると、感情が自分を振り回そうとしていることが自覚できる。そこではじめて、理性を行使する余地が生まれるのだ。

スピノザ『スピノザ国家論』
畠中尚志 訳
岩波文庫／1940年

悲しいときほど感情を冷静に観察する

如月 FEB. 2月16日

そもそも人間とは、機械のようなものではない。（…）人間はむしろ樹木のようなものである。

幸福

自由 他者

人間は、内部から外側に向かって自由に発展していく。あらゆる方向への可能性を持ち、その可能性に向かって枝を大きく広げていくのだ。そういった意味では、明確な目的を持ち、あらかじめ決まった形に組み立てられた機械とは大きく異なる。またミルは、尊厳の感覚が人間にはあり、それゆえに私たちは質の高い幸福を求めているのだ、とも指摘している。

ミル『自由論』斉藤悦則 訳
光文社古典新訳文庫／2012年

可能性に向かって枝を大きく広げていくのが人間

如月 FEB.

2月17日

自然の理が分かっていないと、人の話を信じやすくなる。

他者
仕事 人生

物事に対する違和感や矛盾に気づけない人は、「言われた通りかもしれないぞ」と、他人の話を鵜《う》呑《の》みにしてしまいがちである。基本的に、人は話を聞いてもらうことに気持ちよさを覚えるものなので、自分の話を信じてもらうためには平気で嘘をつきかねない。無知は、嘘つきをのさばらせることになる。

ホッブズ『リヴァイアサン1』角田安正 訳
光文社古典新訳文庫／2014年☆

無知は嘘つきをのさばらせる

如月 FEB. 2月18日

ナルシズムは、ある意味では、常習的な罪の意識の裏返しである。

他者

孤独 恋愛

度がすぎた「ナルシズム」は弊害を生む。適度な「ナルシズム」なら問題はない。しかし度がすぎると、異性に好かれようと努力するあいだだけは魅力的に振る舞うのに、相手が自分に好意を抱いていると確信した途端、相手を用ずみ扱いし出す。ラッセルは生涯で4度結婚している（最後の結婚は80歳のとき）。そういった背景もあってか、彼は愛情の問題についても多く取り扱っている。

B.ラッセル『ラッセル幸福論』安藤貞雄 訳
岩波文庫／1991年

度がすぎたナルシストは、誰も大切にできない

如月 FEB. 2月19日

健康について（…）それが全く個性的なものであることを誰も理解しているであろうか。

孤独

自由
他者

性格や気質に個性があるように、人の健康にも個性は存在する。自分自身の健康を管理するためには自分自身を観察するしかなく、一般論に囚われすぎると、自分の個性を無視することになる。一般論は参考として扱うべきであるが、個性を無視してまで取り入れるものではない。自分の個性を理解している人にとって、一般論は毒にもなり得る。

三木清『人生論ノート』
新潮文庫／1978年

一般論は毒にもなり得る

如月 FEB.

2月20日

人としてのあり方のほうが、人の有するものに比して、われわれの幸福に寄与することがはるかに大である。

幸福

決断　欲望

所有しているものや社会的なステイタスではなく、人としてのあり方が自身の幸福に大きな影響を与える。ショーペンハウアーは、個人の感性が未熟であれば「どんな享《きょう》楽《らく》も、胆汁《たんじゅう》をぬりたくった口に美酒を流し込むようなものだ」と言っており、体裁よりもまず、自身の精神性を整えることが重要だと説いている。

ショーペンハウアー
『幸福について――人生論』
橋本文夫訳
新潮文庫／1958年★

自分自身の精神性を整えることで幸福を味わえる

如月 FEB. 2月21日

どのクジャクも、自分の尻尾《しっぽ》が世界中で一番りっぱだと思いこんでいるからだ。その結果、クジャクは争いを好まない鳥になっている。

B.ラッセル『ラッセル幸福論』安藤貞雄 訳 岩波文庫／1991年

他者

欲望 自由

謙遜する習慣は、妬《ねた》みを生みやすくするのではないか。たとえば、自分のことをよく思うのは好ましくないことである、と教えられたクジャクがいたとしたら、何とも窮屈な生き方になってしまうだろう。謙遜は、抜け駆けはよくないという囚われを生み出す。自分の強みをアピールすることは、決して恥ずかしいことではない。

強みをアピールするのに、恥ずかしさはいらない

如月 FEB. 2月22日

私たちはみんな、多かれ少なかれ狂っており（…）ナルシズムによって歪められた世界を見ている。

欲望

孤独 他者

「ナルシズム」の強い人は、自分の中に存在することだけを現実と見なす。「ナルシズム」の反対にあるのは客観性である。客観性を持つことにより、自分が脳内でつくり上げた妄想と、現実の区別をすることができる。精神分析学者であったフロムによると、「ナルシズム」が強い人間は、外界を「自分にとって損か、得か」という目で見てしまいやすい、とのことだ。

エーリッヒ・フロム
『新訳版 愛するということ』
鈴木晶 訳
紀伊國屋書店／1991年

「ナルシズム」が強いと客観的になりにくい

如月 FEB. 2月23日

真に善き人や思慮深い人とは、あらゆる運不運に立派に耐え、与えられた状況のもとにそのつど最善のことを為す人だとわれわれは思っている。

仕事　幸福　人生

革職人《かわ》が与えられた革からいい靴《くつ》をつくったり、料理人が手もとの食材から美味しい料理をつくったりするように、いまあるものから自分らしく、最善のことを成せるのはすばらしいことである。どのような場面においても「活動の質」を意識することだ。仕事において質を追求しなくなれば、手の抜き方を追求することになってしまう。

アリストテレス
『ニコマコス倫理学（上）』
渡辺邦夫・立花幸司 訳
光文社古典新訳文庫／2015年

「活動の質」を意識する

如月
FEB.

2月24日

傍観者の態度にとどまり、扉を開けて幸福がはいってくるのを待っているだけでは、はいってくるのは悲しみだろう。

幸福

人生
憂鬱

幸福は、自然に入ってくるものではない。手に入れようとする姿勢がないと、手に入らないものだ。受け身の傍観者でいる限り、幸福は遠のいていく。座って待っていれば、ひょっこり幸福が飛び込んでくる、ということはなく、「まだやってこない」という愚痴があふれるばかりである。

アラン『幸福論』石川湧 訳
角川ソフィア文庫／2011年★

受け身の傍観者でいる限り、幸福は遠のいていく

人はふつう、自分自身で見つけた理由によるほうが、他人の精神のなかで生まれた理由によるよりも、いっそうよく納得するものである。

パスカル『パンセ』
前田陽一・由木康 訳
中公文庫／1973年

他者

仕事
恋愛

人は、自分が見ている地点からの景色だけが真実だと思い込んでしまいがちである。相手の間違いを指摘するときは、こちらから見えている景色を説明するよりも、他の地点から景色を見るよう促してみるといい。相手も、自分から見えている景色でしか話をできないのだから。相手を納得させるには、相手の視点を変えるように誘導すべし。

説得したいときは、視点を変えるよう誘導すべし

如月 FEB.

2月26日

何かを装うことは、魔術的儀式に似た趣《おもむき》がある。

欲望

仕事 他者

繰り返し自らを偽《いつわ》る演技を行っている内に、いつしか「魔術」が発揮されることがある。それは、思い込みに現実の自分が侵食されるという「魔術」だ。自己洗脳に、惑わされてはいけない。ちなみに、ホッファーの著作はアフォリズム（短い格言）で書かれている。哲学者のモンテーニュやパスカルなどの諸作を手本にし、切れのいいアフォリズムを追求したのである。

エリック・ホッファー
『魂の錬金術』中本義彦 訳
作品社／2003年

思い込みが現実の自分を侵食し、やがて本当になる

「知らない」というのはほんとうは「知りたくない」ということなのだ(…)「知らない」という裏にあるのは、責任回避なのです。

決意
他者
仕事

義務で知っていなければならないこと以外は、率先して知ろうとしない限り「知らない」でいる自由がある。そしてこの「知らない」でいることは、責任回避の方法でもある。知らなかったから、しょうがない。知らなかったから、どうしようもなかった。「知らないでいること」の中には、「逃げ道を用意する」という意味も含まれることを、私たちは知っているはずだ。

V・E・フランクル『それでも人生にイエスと言う』山田邦男・松田美佳 訳
春秋社／1993年

「知らない」でいることは、責任回避の方法でもある

如月 FEB. 2月28日

自分の生がいかに短いかを知りたければ、自分の生のどれだけの部分が自分のものであるか考えてみればよいのである。

人生

時間 幸福

他人に合わせて過ごしている時間を、果たして自分の時間と言うことができるだろうか。実際に過ごす時間だけではなく、愛憎などの感情もそうだ。セネカは自発性を持った場合にのみ、私たちの生きる「時間」の大切さが浮き彫りになると考えていた。時間は、ただ過ぎ去るものであってはもったいない。

セネカ『生の短さについて 他二篇』大西英文 訳
岩波文庫／2010年

時間は、ただ過ぎ去るものであってはもったいない

如月 FEB. 2月29日

実存は本質に先立つ。

人生
自由
決断

ハサミがハサミの形で存在しているのは、「紙を切りやすいように」という目的があって設計されたからである。しかし、人はハサミと違って、あらかじめ目的を用意されているわけではない。ただ、いま、存在している。生きている意味や目的はあとづけでしかなく、前もってあるわけではないのだ。つまり、人生にどのような意味を持たせるかは、自分次第なのだ。

J-P・サルトル『実存主義とは何か』伊吹武彦他 訳
人文書院／1996年☆

◎◎◎◎◎◎◎◎◎◎◎◎◎◎◎◎◎◎◎◎◎

人生にどのような意味を持たせるかは自分次第

3月

人生

後ろ向きに理解し、前を向いて進む。

MARCH

弥生 MAR. 3月 1日

一羽のツバメが春をもたらすわけではないし、一日で春になるのでもない。

時間
仕事 欲望

私たちはつい即効性を期待しすぎる。しかし、幸福は一瞬ではなく、継続的に追求していくことでこそ成し遂げられるものだ。アリストテレスは知恵・勇気・節制・正義を正しく追求し続けることの大切さを説き、時間はその協力者だと考えた。貯金や筋トレをイメージするとわかりやすい。それらは一瞬で達成されるものではなく、理想を追求し、日々、積み重ねていくことで成し遂げられるものである。

アリストテレス
『ニコマコス倫理学（上）』
渡辺邦夫・立花幸司 訳
光文社古典新訳文庫／2015年☆

私たちはつい即効性を期待しすぎる

人生においては何事も偶然である。しかしまた人生においては何事も必然である。このような人生を我々は運命と称している。

自由

幸福　恋愛

すべてが必然であるのなら、「運命」だと特別視できることなど人生にはないことになる。しかしすべてが偶然であっても、「運命」と特別視するに足るものはなくなる。偶然の中で出会った必然だからこそ、必然と思えるものを偶然の中から選び出したからこそ、「運命」は成り立つのだ。三木と同じ実存主義哲学者のサルトルも、「必然だと確認するために、偶然を知る必要もある」と説いている。

三木清『人生論ノート』
新潮文庫／1978年

「必然」を確認するために「偶然」を知る

弥生 MAR. 3月 3日

人生は生きるためにあるのであって、見せ物にするためではない。

自分

他者
仕事

自分の勇気や慈悲の心を、見世物として扱ってはいけない。自分が内心抱えている罪悪感へのつぐないとして善いことを行うならば、それは自分に罰を科すことと何も変わらない。同様に、周囲の納得を得るために善いことを行うのであれば、それもまた善いことであるとは言えないのである。

ラルフ・ウォルドー・エマソン『自己信頼［新訳］』
伊東奈美子 訳
海と月社／2009年

勇気や慈悲の心を、見世物として扱ってはいけない

弥生
MAR. 3月 4日

人は皆、あたかも死すべきものであるかのようにすべてを恐れ、あたかも不死のものであるかのようにすべてを望む。

時間

憂鬱 自分

人は、あたかもすべてが終わってしまうかのように深刻に物事を受けとめることもあれば、まるで人生が永遠に続くかのように欲深くなることもある。このように、人の気持ちは首尾一貫しないものだ。健康管理に無頓着であった人が、健康を損なってから医者にすがるように、多くの人が、瞬間瞬間で「時」の捉え方を曖昧《あいまい》なものにしてしまっている。

セネカ『生の短さについて 他二篇』大西英文 訳
岩波文庫／2010年

人の気持ちは首尾一貫しないものだ

幸福の秘訣は、こういうことだ。あなたの興味をできるかぎり幅広くせよ。

幸福

仕事 自分

視野や興味の対象が狭いと、自分の考えとは違うものに対して不寛容になりがちである。自分とは違う考え方を持つ人や、自分が選んでこなかったものを否定的な目で見るのか、友好的な目で見るのかによって、世界がつまらなくも見えるし、おもしろくも見えてくる。何かに批判的になっている自分がいたら、「そんなに批判的になることで、自分はいったい何を証明したいのか」と考えてみるといい。

B.ラッセル『ラッセル幸福論』安藤貞雄 訳
岩波文庫／1991年

視野が狭いと批判的になりやすい

弥生 MAR. 3月 6日

人生は、刺繍《ししゅう》した布に譬《たと》えることができる。(…)裏はたいして美しくないが、糸の繋がりを見せてくれるから、表よりはためになる。

自分

時間 幸福

刺繍の裏面は、表面ほど美しくないかもしれないが、どのように縫《ぬ》われたかという工程を理解することができる。大人になって目に映る世界と、子どものころに見えていた世界に違いを感じることがあるだろう。昔ほど世界がきらめいて見えなくなっているとしたら、見えている面が裏面に変わっただけかもしれない。より冷静に物事を見ることができるようになったいまだからこそ、学び取れることもあるはずだ。

ショーペンハウアー
『幸福について——人生論』
橋本文夫訳
新潮文庫／1958年

◎ ◎

大人になってはじめて理解できることもある

弥生 MAR. 3月 7日

波乱に満ちた人生ほど、忘れがたいものはない。

時間 幸福 自由

人生に色があるとするなら、成功や危機といった、自分にとって画期的な出来事ほど、鮮やかな色として鮮明に残るだろう。けれども平坦な人生であれば、どのような出来事も色あせ、思い出せなくなる。ホッファーは、世界恐慌《きょうこう》後の激動の1930年代に季節労働者として働いた。そこで同じ激動の時代に生きる人びとにふれ、思想を深めていったとされている。人生をカラフルに彩《いろど》ろう。

エリック・ホッファー
『魂の錬金術』中本義彦 訳
作品社／2003年

画期的な出来事ほど、鮮やかな記憶として残る

轢《ひ》かれる危険がもっとも多いのは、ちょうど一つの車をよけたときである。

仕事
恋愛
欲望

危険を回避したと安心した瞬間、人はもっとも油断する。何かがうまくいったときや調子づいているときの振る舞いが、人に幻滅されていたとしても、その瞬間は水面下で起こっていることに気がつかない。表面にばかり気を取られていては、水面下にまで気が回らないのだ。好事魔《こうじま》多し。うまくいっているときほど、慎重に。

フリードリッヒ・ニーチェ
『人間的、あまりに人間的 I』池尾健一訳
ちくま学芸文庫／1994年

安心した瞬間、人はもっとも油断する

弥生 MAR. 3月 9日

欠乏しているものを欲するあまり、現にあるものを台無しにしてはならない。

欲望

自分 幸福

いま自分の周りにあるものに対して、ありがたく思うことはなかなかないだろう。しかし、手の内にないものに憧れるあまり、現にいま手の内にあるものを無下《むげ》にしてはいけない。いま自分の周りにあるものも、いつかの自分が欲したものなのだ。初心にかえるとは、現状に感謝することでもある。欲をかいて、人生を台無しにしないように。

エピクロス『教説と手紙』
出隆・岩崎允胤 訳
岩波文庫／1959年

初心にかえるとは、現状に感謝することでもある

弥生 MAR. 3月10日

人生の設計を自分で選ぶのではなく、世間や自分の周辺のひとびとに選んでもらうのであれば、猿のような模倣能力のほかには何の能力も必要ない。

ミル『自由論』斉藤悦則訳
光文社古典新訳文庫／2012年

決断

自由
仕事

ミルの主張をかみ砕くなら、「じっくり考え、正しい判断をし、行動に移して、一度決めたことをやり抜く力」が大切だ、ということになるだろう。そしてミルは、この力を7つに分解した。「観察力」「推理力」「判断力」「行動力」「分別力（ものの道理をわきまえる力）」「精神力」「自制力」である。これらすべての能力を使えるのは人間の特権だ。特権を駆使して、人生に立ち向かっていこう。

一度決めたことを、やり抜く力を持とう

弥生 MAR. 3月 11日

友情には飽きるということがあってはならない。年代もののワインのように、古ければ古いほど必ず旨《うま》くなるものだ。

他者
時間 仕事

慣れ親しんだものの価値は見落としやすいが、新しいものにはない安心感がある。「友情の務めを果たすためには、何斗《と》もの塩を一緒に食わねばならない」という西洋のことわざがあるが、「塩」は「しょっぱい思い出」の比喩《ひゆ》ではない。高価だから少量しか料理に盛られない塩でも、長年一緒に食事をすれば積もり積もって山となる。要は、長年食事をともにする中で友情は育まれる、ということなのだ。

キケロー『友情について』
中務哲郎 訳
岩波文庫／2004年☆

長年食事をともにする中で友情は育まれる

弥生 MAR. 3月12日

探検するということは（…）むしろ一つの地点を発掘することである。

レヴィ＝ストロース『悲しき熱帯 Ⅰ』川田順造 訳
中公クラシックス／2001年

仕事
欲望
自由

探検とは、ある範囲を広く浅く見て回り、知識を得ることではない。広範囲を歩き回るだけでは、印象深いひとつの光景を見落としてしまう。細部に目を向けることで、これまで考えもしなかったことに思い至り、わからなかったことを理解できることがある。そこから深い解釈が生まれるのだ。

細部に目を向けることこそ、探検の本当の楽しさ

弥生 MAR. 3月13日

自分にふりかかる不幸が
過去の罪に対する一種の
懲罰《ちょうばつ》だと考えると、
多くの場合、安堵《あんど》感を
覚えるものである。

憂鬱

自分
時間

嫌なことが起こったとき、「あのときの罰だ」と考えると、人は安心感を覚える。なぜならそれは、いまの自分が未熟だから起こってしまったと受けとめるよりもずっと、自尊心を傷つけなくてすむ言い訳だからである。過去を現在の言い訳にすることで、納得感は得られるかもしれないが、それによって成長の機会が失われることもある。

エリック・ホッファー
『魂の錬金術』中本義彦 訳
作品社／2003年

「あのときの罰だ」と考えて安心するなかれ

弥生 MAR. 3月14日

あなたがものを書くのは、（…）思想や感情を表現したいというやむにやまれぬ衝動を感じるためなのか、それとも、拍手かっさいを浴びたいという欲望に駆られたためなのか。

B.ラッセル『ラッセル幸福論』安藤貞雄 訳
岩波文庫／1991年

欲望

自分 仕事

「物を書くこと」が目的なのか、「物書きという地位」を得ることが目的なのか。このふたつは根本的に異なるスタンスである。これは物書きに限らず、さまざまな事柄について回る意識の違いだ。物をつくることが目的なのか、その職業につくことが目的なのか。つい混同してしまうが、後者はミーハー精神による。これは「表現したい確固たるもの」が自分の中にあるか、ないかの違いでもある。

◎◎◎◎◎◎◎◎◎◎◎◎◎◎◎◎◎
ミーハー精神から道を選ぶべきではない

弥生 MAR. 3月 15日

誰ひとりとして、死から立ち帰る者もなければ、泣かずにこの世に生れ出る者もいない。

孤独
自分時間

私たちは、自分の意思とは無関係にただこの世の中に存在する。生まれたいという意思があって生まれてきたわけではないし、100歳まで生きたいと思っても、それを決める権利もない。魂があるとして、それはほとんどの時間は眠っていて、いま、たまたま目覚めているにすぎないのかもしれない。意図せずはじまり、結末の決まった人生に「惜しさ」を感じつつも生をまっとうする。それしかないのである。

セーレン・キルケゴール『美しき人生観』飯島宗享 訳
未知谷／2000年

人生はすでにスタートしている

弥生 MAR. 3月16日

われわれは（…）何のために生きるのかと同じくらい、何のために苦しむのかを知りたがっている。

決断

憂鬱　仕事

「何のために生きているのか」。そして「何のために苦しむのか」。その答えは、誰かから与えられるものではない。自ら創《つく》っていく必要がある。実際、「苦しみ」そのものに意味はないのかもしれない。しかし、苦しみの経験に価値を与えることはできるし、その経験によって自分の価値観を更新することもできる。苦しんだ自分はこれから何をするのか？　追究すべきは、その答えではないか。

エリック・ホッファー
『魂の錬金術』中本義彦 訳
作品社／2003年

苦しみをムダにせず、意味あるものにする

弥生 MAR. 3月17日

「お前、馬鹿げたことをするのは、うんと楽しめることだけになさいよ」(…)これは息子に語られた言葉としてはもっとも賢く、母親らしい言葉である。

決断

自由
欲望

あまり楽しめないバカげたことほど、あとで虚しくなるものはない。どうせバカをするならば、心にいっさいの曇りがないことをしなければ。当時のヨーロッパにはサロン文化があった。一人の女性が中心となり、文化人を招いて交流するのだ。ランベール夫人は18世紀初頭の社交界の中心で、モンテスキューらにも影響を与えた。基本、ニーチェは女性に対して辛辣だが、夫人のこの言葉は金言《きんげん》として紹介している。

ニーチェ『善悪の彼岸』
中山元訳
光文社古典新訳文庫／2009年

どうせバカをするならば、心から楽しむことだ

弥生 MAR. 3月 18日

「生きているときには
嫉《そね》まれた同じ人間が、
死ぬと、
愛されるようになる」

憂鬱

時間 他者

どれほど嫌われた人間でも、死んでしまえば周りから憐《あわ》れみを持たれる。悪名高く傲慢《ごうまん》な人であっても、人にひどい言葉ばかりをぶつける辛辣《しんらつ》な人であっても、死んでしまえば、周りの人はその人の悪口を言いづらくなる。憐れみから人が愛されることもあるのだ。ベーコンは、古代ローマの詩人ホラティウスの言葉を引用することでそのようなメッセージを伝えた。

ベーコン『随筆集』
成田成寿 訳
中公クラシックス／2014年

憐れみから人が愛されることもある

弥生 MAR. 3月19日

驚きが有益であるのは、それまで知らなかったことをわたしたちに学ばせ「記憶」にとどめさせることだ。

自分
他者
幸福

人が何かに驚くときは、「異常さ」を感じたときである。たとえば、見たことのない深海魚の見た目に驚くのは、「自分が知っている魚」と比べて「異常さ」を感じるからであろう。驚きは「すでに知っているものとの差異」によって発生するものであり、同時に、新しく情報が更新されていくプロセスでもある。

デカルト『情念論』
谷川多佳子 訳
岩波文庫／2008年

驚きによって、頭の中が更新される

弥生 MAR. 3月20日

あらゆることを回避し、
恐れて、どんなことにも
踏みとどまらないような
人は「臆病」になる。
どんなこともいっさい
恐れず、立ち向かってゆく
人は「むこう見ず」になる。

アリストテレス
『ニコマコス倫理学（上）』
渡辺邦夫・立花幸司 訳
光文社古典新訳文庫／2015年★

決断

欲望 仕事

じっくり考えることは必要だ。しかし、考えすぎて動けなくなったり、逃げ出してしまったりするのは、「考えすぎのマイナス面」である。勇気を出して立ち向かっていくこともときに必要だ。しかし、何も考えずにがむしゃらに立ち向かっていくのは、「動きすぎのマイナス面」とも言えるだろう。何事にも、極端ではなくちょうどいい中間点がある。「中庸《ちゅうよう》」が大切だ。

何事にも、極端ではなくちょうどいい中間点がある

弥生 MAR. 3月 21日

山頂まで登山電車できた人と登山家とでは、同じ太陽を見ても気分が違う。

決断

仕事 欲望

自分の足で山頂の太陽を見た人にとって、頂《いただき》の景色は、ここまで自力で登ってくることができたという「自分の力の証明」になる。しかし、登山電車できた人からすると、同じ太陽もただの美しい景色でしかなく、自分の足で登った人と同じような意味は持たない。同じ結果を得ていたとしても、それを得るまでの過程にどんな苦労があったかによって、価値の重みは変わってくるのである。

アラン『幸福論』石川湧 訳
角川ソフィア文庫／2011年★

自分の力を証明できたとき、真の喜びがある

弥生 MAR. 3月22日

人間はいわば離れ小島のロビンソンである。他の人間と共同の関係に立ってこそ、人間ははじめて相当の意義をもち、相当の事をもなし得る。

他者

欲望 仕事

相当な無気力に陥っていない限り、人は多少の名誉を欲しがるものだ。名誉は、社会や他人に対して、「自分がどのような功績を残せているか」を証明することでもたらされるものでもある。それゆえ他人の目があると、一人で物事を行うよりも、より効果が上がることも多い。人の期待に応えたい、認められたいという適度な欲望は、私たちの人生に燃料を投下してくれる素《もと》となるのだ。

ショーペンハウアー
『幸福について——人生論』
橋本文夫訳
新潮文庫／1958年

名誉を欲する気持ちが、私たちに燃料を投下する

弥生 MAR. 3月23日

孤立した人にとって、人生は難儀である。

他者

仕事 孤独

自分を冷静に眺めるよりも、他人を冷静に眺めるほうが簡単である。また一人で行動するよりも、他人と関わりを持ちながら行動したほうが継続しやすい。ここでの「他人」とは、赤の他人ではなく、「ともに活動する理解者としての友人」に近い。一人で黙々と筋トレをするよりも、理解あるトレーナーがいてくれたほうが、筋トレがはかどるのと一緒である。

アリストテレス
『ニコマコス倫理学（下）』
渡辺邦夫・立花幸司 訳
光文社古典新訳文庫／2016年

◎◎◎◎◎◎◎◎◎◎◎◎◎◎◎◎◎◎◎◎◎◎◎◎◎

他人と関わりを持ちながら行動したほうが継続できる

弥生 MAR. 3月24日

わたしはいつも理性の光にみちびかれるよりは、良心の啓示《けいじ》によってみちびかれてそれを解決するほうがうまくいくのだった。

決断
仕事
恋愛

理性で導き出した正解と、心が指し示す正解が異なる、というのはよくある。どちらに従えば正解か、というのはわからない。けれども、どちらに従ったほうが納得できるのかで言えば、心が指し示す正解のほうだろう。自分が納得できるほうを先に選び、あとで「その答えが正しかった」と証明してみせる。そういう順序もあるのだ。

ルソー『孤独な散歩者の夢想』今野一雄 訳
岩波文庫／1960年

心が指し示す正解のほうが納得できる

弥生 MAR. 3月25日

藁《わら》の寝床のうえに寝ていても平然としていられる方が、ぜいたくでありながら平静が乱されているよりも、よいことだ。

孤独

自由　欲望

簡素な生活を恐れるがゆえに、身の丈《たけ》に合わない贅沢《ぜいたく》をして心を満たそうとする。そんな矛盾めいた行いをしてしまうことがあるだろう。簡素な生活に平気でいられないことが、このような矛盾を生み出すのだ。世間体に一喜一憂することなく心の平静を保てることは、人生の大きな財産である。

エピクロス『教説と手紙』
出隆・岩崎允胤 訳
岩波文庫／1959年★

心の平静を保てることは、人生の大きな財産である

死をもって「良心の声」は呼び起こされる。

決断

自分 欲望

人生は証明することだと言えまいか。自分の命が残りわずかだと知ったら、その時間を使って自らの人生の価値を証明しようとするだろう。ハイデガーの言う「良心の声」とは、正しいことをしようと呼びかける声ではない。「面倒だし適当でいいか」などと惰性《だせい》に逃げたくなるような日常から、「悔いなく生きねば」と決心させるような声を意味する。いつまでも死なないとしたら、いつまでも頑張る気は起きない。

マルティン・ハイデッガー
『存在と時間〈下〉』
細谷貞雄 訳
ちくま学芸文庫／1994年★

「悔いなく生きねば」と決心せよ

弥生 MAR. 3月27日

27

美しいものや、偉大なもの、善いものを愛しそれに身をささげることによって、人生のさまざまな欲求を満たすことができるのです。

幸福

恋愛 自由

自然や音楽、芸術にふれて起こる「心が震えるような感動」は、人生を意味あるものとしてくれる。あとあと考えると無意味なものだったとしても、瞬間的に心が震える体験というのは、「この瞬間のために生きる意味がある！」と思わせてくれる、貴重で美しい体験なのだ。「美的体験」が人生の潤《うるお》いとなる。

V・E・フランクル『それでも人生にイエスという』山田邦男・松田美佳 訳
春秋社／1993年

「美的体験」は人生の潤いである

弥生 MAR. 3月28日

生きる術は、
予期せずして降りかかる
出来事に対して備えを持ち
倒れずしっかり立っている
という点で舞踏《ぶとう》の術よりも
むしろレスリングの術に
似ている。

マルクス・アウレリウス
『自省録』鈴木照雄 訳
講談社学術文庫／2006年

自分
決断
仕事

振り返ってみてほしい。人生においては予期していた出来事よりも、予期しなかった出来事が起こることのほうが多かったのではないだろうか？　予期しない出来事、不条理な出来事に対して、いかに倒れず、しっかりと踏ん張るか。踏ん張る力とは、生きる力そのものと言える。

踏ん張る力は、生きる力そのもの

弥生 MAR. 3月29日

予言。言葉を聞く前は、信じないことはたやすいが、やがて難しくなる。

ALAIN

決意

他者　憂鬱

占いを聞く前なら、「占いなんて信じない」とつっぱねることは簡単だ。けれどももし、異なる二人の占い師から別々に「同じ不吉な予言」をされたとしたら、信じないつもりでも気になってしまうだろう。何の根拠がないことでも、異なる人から意見されると洗脳されてしまいやすいのだ。将来が不安なときは、わからない先のことを知ろうとするよりも、足もとを見て着実に歩むほうが大切なこともある。

アラン『幸福論』石川湧 訳
角川ソフィア文庫／2011年★

足もとを見て着実に歩むこと。予言に惑わされないこと

弥生 MAR. 3月30日

青春とは何か。夢だ。憧れとは何か。夢の内容だ。

欲望

幸福 決断

夢に憧れることができる、というのは青年の特権である。そして、夢に憧れを持ち続けられることが、精神の若々しさを保つ。しかし、老いた人は「夢に憧れていた過去」に対して憧れを抱くようになる。過去を懐かしく思い、その時代に憧れを持つことは、夢に憧れることとは異なる。これは、その人が老いた証拠と言えるだろう。

セーレン・キルケゴール『美しき人生観』飯島宗享 訳
未知谷／2000年

夢に憧れることができる、というのは若さの象徴だ

弥生 MAR. 3月 31日

人生はフィクション（小説）である。だからどのような人でも一つだけは小説を書くことができる。

自分

欲望　自由

人間には、自分以上のものであろうとする性質がある。それには良い面と悪い面があり、自分以上のものに見せようとすることを「虚栄《きょえい》」という。この言葉は悪いように使われがちだが、虚栄への欲望が成長につながることもある。虚栄に生きる人間は、「別の自分をつくり、表現する人生」の演出家とも言える。まさにフィクション的な存在だ。このフィクション性こそ、動物にはない人間らしさである。

三木清『人生論ノート』
新潮文庫／1978年

フィクション性こそ、動物にはない人間らしさ

4月

他者

大切だけど、いつもは向き合えない。

APRIL

卯月 APR.

4月 1日

礼儀というものは、しばしば微笑みやしとやかな挨拶を引きよせて、すべてを変化させるものである。

仕事
自分
幸福

微笑んだり、慎《つつし》み深い挨拶をしたりと、落ち着いた振る舞いをすることによって、心までリラックスすることができる。心臓や肺をゆるやかにすることは、心にも影響するからだ。「心」という言葉にはいろいろな意味があるが、人間の体には心臓はひとつしかない。心臓を制す者は、心の穏やかさを制す。

アラン『幸福論』石川湧 訳
角川ソフィア文庫／2011年

礼儀正しくすることで、心は穏やかになる

卯月 APR. 4月 2日

人間が一人一人誕生するごとに、なにか新しいユニークなものが世界にもちこまれる。

仕事

幸福 自由

お互い対等でなければ、私たちが他人を理解することはできないだろう。しかし、対等どころか人間には違いがある。そして他人との違いが現実にあるからこそ、人はその差異を乗り越え、理解しようと、あらゆる言語を用いるようになったのである。大切なのは違いをなくすことではない。「異なるもの」として互いを尊重し合うことである。

ハンナ・アレント
『人間の条件』志水速雄 訳
ちくま学芸文庫／1994年☆

大切なのは違いをなくすことではなく、楽しむこと

卯月 APR. 4月 3日

哲学とはなんぞや（…）
という問題には
いろいろ見解があって、
一致してしない。

人生 自由 仕事

あなたの中で、「哲学」とはどんなイメージだろうか？　心を穏やかにしてくれるもの？　日常にまったく役に立たないもの？　理屈っぽく、理解するのに時間がかかるもの？　人によってさまざまなイメージがあるだろう。「哲学」が何か、という問いについては、哲学者のあいだでもひとつの答えに定まっているわけではない。いろいろな見解があるからこそ、対話が行われるのだ。

ヤスパース『哲学入門』
草薙正夫 訳
新潮文庫／1954年☆

いろいろな見解があるからこそ、対話が行われる

卯月 APR.

4月 4日

虚栄心は人を饒舌《じょうぜつ》にし、誇りは寡黙《かもく》にする。

自分

仕事 欲望

自信のなさは口数に表れる。自信のない人は、口数を多くすることで他人にアピールし、身の丈以上に自分を飾り立てる必要があるからだ。反対に、自信のある人は寡黙になる。必要以上に自分を飾り立てることで、その人の誇りが損なわれるからだ。貫禄《かんろく》とは、無口さから醸《かも》し出されるものである。

ショーペンハウアー
『幸福について——人生論』
橋本文夫訳
新潮文庫／1958年

自信のなさは口数に表れる

卯月 APR.

4月5日

私はただ愛することによって他の個性を理解する。

自分

幸福 自由

先入観や思い込みは、目の前にある物事への理解を邪魔する。「この人はこういうタイプの人だろう」「きっとこの映画もお決まりの展開なんだろうな」と、実際に中身を知る前に決めつけてしまっては、自分の世界は狭くなるだけだ。物事をカテゴリーにはめ込まず、ありのままを観察し、理解しようとすることで、新しい発見を得ることができる。

三木清『人生論ノート』
新潮文庫／1978年

先入観で決めつけることなく世界を見る

卯月 APR.

4月 6日

**たとえほかの善をすべて
もっていたところで、
友人がいなければだれも
生きてゆこうと思えない
ものである。**

人生

幸福　孤独

一人でいるよりも、二人でいるほうがより深く考えることができる。つらいときには、お互いがお互いの「避難所」となることができるし、過ちを防ぎ合うこともできるだろう。また、友人がいるからこそ、他人に対する優しい気持ちを育むこともできる。友人がいなければ、どれほどの権威を持っていても、虚しいものとなってしまう。

アリストテレス
『ニコマコス倫理学（下）』
渡辺邦夫・立花幸司 訳
光文社古典新訳文庫／2016年

友人がいると、お互いがお互いの「避難所」となれる

卯月 APR.

4月 7日

「愛することが
できなくなったら、
——通りすぎることだ！」

決断

仕事
恋愛

同情は、相手を軽蔑する行為である。その場しのぎの憐れみの言葉をかけるくらいなら、相手のことを真剣に考え、現状を打破できるくらい奮い立つほどの厳しさが必要だ。その厳しさは一種の愛情であり、優しさでもある。しかし、愛情が持てない相手に対してそんなことはできないだろう。愛情が持てないならば、スルーするしかない。それがお互いのためである。

ニーチェ
『ツァラトゥストラ（下）』
丘沢静也 訳
光文社古典新訳文庫／2011年

相手のことを思えなくなったらスルーすべし

卯月 APR.

4月 8日

男の中では
ばかで無知な者が、
女の間では醜い人が、
一般的に人気があり、
一般的に求められる。

仕事　恋愛　欲望

引き立て役は愛される。
なぜなら自分を脅かす存在になり得ないからである。ショーペンハウアー曰く、男の中だと自分よりもバカな者、女の中だと自分より美しくない者が好ましく思われやすい。自分が優位でいたいという思いが強い人ほど、「なぜこの人？」というような、釣り合わない人を側に置きたがるものだ。

ショーペンハウアー
『幸福について——人生論』
橋本文夫 訳
新潮文庫／1958年

引き立て役はある意味、愛される

卯月 APR.

4月 9日

社交家はちょっとした義務によって自分の腹立ちを忘れることができる。

憂鬱

幸福 自由

愛想《あいそ》よく振る舞ったり、相手を楽しませようと気をつかったりするといった、社交の場においての「義務」が、不機嫌をまぎらわすこともある。人は暇がたくさんあると、悩みについて大げさに考えてしまいやすい。もともと哲学が発展したのも「余暇」があったからである。暇があると、人は深く物事を考えがちになる。思考が堂々めぐりに陥りやすい人は、多少無理をしてでも予定を入れてみてはどうか。

アラン『幸福論』石川湧 訳
角川ソフィア文庫／2011年

暇があると、人は深く物事を考えがちになる

卯月 APR.

4月10日

裸になるのが感心できないというのは、心の場合も身体の場合も同じことである。

FRANCIS BACON

仕事

恋愛 自分

公衆の面前で裸になるのは、一般的には見苦しいことである。それと同じように、歯に衣着せぬ物言いで、思ったままのことをあらわにするのは、社交の場においては見苦しいとされる。内面や外面に関係なく、装いは他人に対する礼儀である。

ベーコン『随筆集』
成田成寿 訳
中公クラシックス／2014年

装いは他人に対する礼儀でもある

卯月 APR. 4月 11日

友情は順境をいっそう輝かせ、逆境を分かち担い合うことで軽減してくれるものなのだ。

人生

幸福 憂鬱

キケロー曰く、「お互いに優れた相手だと認め合うことにより、真の友情は成立する」。類は友を呼ぶ。成熟した者同士が友だちになるのだ。そして、友だちになることで、友だちと経験を共有することで、喜びはさらに大きなものになる。反対に、友だちがいてくれることで、つらい思いが半減される。

キケロー『友情について』
中務哲郎 訳
岩波文庫／2004年☆

成熟した者同士が友だちになり、喜びが倍増する

卯月 APR. 4月12日

他人から学んだだけにすぎない真理は、整形でつくった鼻のようなものにすぎない。

人生 仕事 自分

読書や見聞によって得ただけの知識は、整形で取りつけた鼻のような「飾り」にすぎない。しかし、自分で考えて得た知識は、自分の手足のように機能させることができる。これは、テクニックのみで描かれた美しい絵と、画家がメッセージ性を込めて描いた絵、どちらがより多くの人の胸を打つかを考えるとよくわかる。要するに、他人まかせは身にならないのだ。

ショウペンハウエル
『読書について 他二篇』
斎藤忍随 訳
岩波文庫／1960年★

自分で考えなければ、知識は上辺だけのものになる

卯月 APR.

4月13日

ひとは軽蔑されたと
感じたとき最もよく怒る。
だから自信のあるものは
あまり怒らない。

KIYOSHI MIKI

欲望

恋愛 仕事

自信のある人は静かである。なぜなら、自信のある人は「短気であること」を軽蔑する、名誉心を持っているからである。彼らは相手に軽蔑されたと思い込み、マウンティングすることもない。こちらがマウンティングすれば、相手は軽蔑されたと感じ、結局いたちごっこに陥るだけだとわかっているからである。不毛な争いを避けるには、争いを軽蔑することだ。

三木清『人生論ノート』新潮文庫／1978年

自信のある人は静かである

卯月
APR.

4月14日

たんなる好き嫌いを判断の基準にしているなど、自分から認める者はいない。しかし、人の行動についての意見は、道理にもとづかないのであれば、個人的な好き嫌いにすぎない。

決断
仕事
恋愛

好き嫌いで決めたことが、大勢の意見や判断と同じであれば、「好き嫌いで判断すること」に何の疑問も抱かないだろう。もちろん、好き嫌いで決めることがよくないわけでもない。しかし、「感情」を重視するあまり「道理」や「合理性」を余計なものだと見なしてしまうことがある。判断基準を「感情優先」にするか「道理優先」にするか「利益優先」にするかで、導き出される答えは大きく変わるのだ。

ミル『自由論』斉藤悦則 訳
光文社古典新訳文庫／２０１２年

判断基準をどこに置くかで答えは変わる

卯月 APR.

4月 15日

友情の中には、すばらしい喜びがある。喜びが伝染性のものであることを見れば、このことは難なく理解される。

幸福

自分　孤独

喜びは、伝わりやすいという性質を持っている。こちらから相手に対して喜びを与えれば、相手に伝わり、相手も喜びで満たされる。すると、喜びで満たされた相手から伝染して、こちらにもまた喜びがやってくる。そのとき、お互い自分の内側に喜びの源泉があったのに、それを開放してこなかったことに気がつくのである。

アラン『幸福論』石川湧 訳
角川ソフィア文庫／2011年

自分から喜びをまき散らそう

卯月 APR.

4月16日

たいていの人は愛の問題を、愛するという問題、愛する能力の問題としてではなく、愛されるという問題として捉えている。

恋愛

決断 幸福

「恋人に好かれるための愛されコーディネート」などなど。ファッション誌の見出しを飾る愛の謳《うた》い文句はいつも、「相手から愛されるための方法」ばかりだ。どうすれば「相手をよりよく愛せるのか」ということに着目せずに、愛の受け取り方ばかりが喧伝《けんでん》される。「愛し方」より「愛され方」に執着しすぎているのかもしれない。フロムは誰よりもストイックに「愛し方」について哲学した。

エーリッヒ・フロム
『新訳版 愛するということ』
鈴木晶 訳
紀伊國屋書店／1991年

「愛され方」より「愛し方」を学ぶ

卯月 APR. 4月17日

愛が性を超越したものであると考えるとすれば、他の人間、自分が愛している人間に対する態度が、無比でかけがえのない人間に対する態度になる。

人生 幸福 恋愛

悠々《ゆうゆう》と家で過ごす老人の日常は、経済的に見れば非生産的かもしれない。しかし老人は、周囲から愛されることで「かけがえのない存在」となり得る。誰かを愛するとき、愛された人は自らの中に「かけがえのない存在」であるという価値を見出せるのだ。情の深さは「好き嫌い」で測られるものではない。その人が「かけがえのない存在か否か」で決まる。そこに性差も年齢も関係ない。

V・E・フランクル『それでも人生にイエスと言う』山田邦男・松田美佳 訳 春秋社／1993年☆

愛することで、誰かをかけがえのない存在にできる

他者への没頭は、それが支援であれ妨害であれ、愛情であれ憎悪であれ、つまるところ自己からの逃避の一手段である。

自分

孤独 幸福

他人事に夢中になるのは、自分事からの逃避である。というのも、他人の問題に向き合うよりも、自分の問題に向き合うほうがずっとしんどいことが多いからだ。気を病んだり、プレッシャーがのしかかったりしているときほど、自分自身と対面することは重みとなる。他人事に執着しているときほど、自分がいま、本当に取り組むべき事柄から逃げていないかを考えてみるべきだ。

エリック・ホッファー
『魂の錬金術』中本義彦 訳
作品社／2003年

自分が取り組むべき事柄から逃げていないだろうか？

卯月 APR. 4月19日

ともに暮らす人間たちの
うちで永遠平和は
自然状態《スタトゥス・ナーチューラーリス》ではない。
自然状態とはむしろ
戦争状態なのである。（…）
だから平和状態は新たに
創出すべきものである。

人生 仕事 欲望

さまざまな価値観を持つ人たちが同じ場所にいて、自然に平和が保たれる、ということはそもそも難しい。何の決まりごともなく、大勢の人たちがいる自然な状態では、放っておけば争いが起きるものだ。そう考えると、平和状態というのは自然につくられるものではなく、意識的につくらなければ維持できないものである。カントはそのように考え、『永遠平和のために』を著した。

カント『永遠平和のために／啓蒙とは何か 他3編』
中山元訳
光文社古典新訳文庫／２００６年

自然に平和が保たれる、ということはそもそも難しい

卯月 APR.

4月20日

愛《フィリア》の願いが
生まれるのは早いが、
愛《フィリア》はそのように
早くは、生まれない。

時間

幸福 人生

相手に好意を持つのは容易いが、真の友情はそんなに簡単に、早くは育たない。友情は、時間をかけてお互いのことを知り、尊重し合うにふさわしいと思えるような、内面への信頼によって醸成《じょうせい》されるものだからである。一方通行の片思いで友情が成り立つのは難しい。

アリストテレス
『ニコマコス倫理学（下）』
渡辺邦夫・立花幸司 訳
光文社古典新訳文庫／2016年☆

一方通行の片思いで友情が成り立つのは難しい

卯月 APR.

4月21日

人間は、恐れている人より、愛情をかけてくれる人を、容赦なく傷つけるものである。

孤独　憂鬱　恋愛

人はもともと邪《よこしま》なものだとマキャベリは考える。邪だからこそ、人は恩義でつながった絆《きずな》であっても、自分の利益のために裏切ることがある。しかし、その人を裏切ったら自分が処罰されてしまう、という恐怖心を抱いていれば裏切ることはないだろう。恩義よりも恐怖を与えたほうが、こちらが傷つかずにすむこともあるのだ。マキャベリは、政治コンサルタント的な立場からこのように説いている。

マキャベリ『新訳　君主論』
池田廉訳
中公文庫／1995年

人はもともと邪なものだ

卯月 APR.

4月22日

相互依存がなければ、いかなる人間の生もありえないのである。

孤独

人生 自分

人は、自分以外の誰かと絆を結び、そこから生じる関係性の中で生きている。他の誰かとの関係がなければ、「私」という存在は定まらない。関係性の中でこそ「私」という個性は確立されていくのだ。言い換えれば、人間関係から完全に切り離された環境にある限り、どんな人であっても「私」という個性を確立することはできない。

バタイユ『エロティシズム』
酒井健 訳
ちくま学芸文庫／2004年

他の誰かがいてこそ、「私」という個性は確立される

卯月 APR. 4月23日

他者と連帯したいという
熱望を生じさせるのは、
自己嫌悪である。
われわれは本質的に
自分自身を敵にまわして、
他者と手を結ぶ。

エリック・ホッファー
『魂の錬金術』中本義彦 訳
作品社／2003年

自分

仕事
自由

「他人と責任を分かち合いたい！」と思う動機には、自己嫌悪がひそんでいる場合がある。自分一人で責任を取りたくないという怠惰な気持ちや、自分自身の実力や能力に対する疑いは、「他者と連携したい」という思いと結びつきやすいのだ。自分自身を信じずに、他人を信じすぎるという状況に陥っている場合もあるだろう。あなたは、自分をどれくらい信頼できているか？

◎自信を持つことで、一人自由に動き回れる

卯月 APR.

4月24日

いかなる人も他を信じさせることができるほど己を信じさせることができない。

自分

仕事 欲望

自分を信じ込ませるよりも、他人を信じ込ませるほうが簡単である。他人は、表面的な振る舞いや言動などの限られたイメージや情報を与えることで欺くことができるが、この方法では自分の心は欺けない。教祖や詐欺師が「すばらしい人間のように見える振る舞い」を徹底して信者やカモを信じ込ませていても、自分自身が語る「理念」を信じていない、ということはあり得るのである。

三木清『人生論ノート』
新潮文庫／1978年

表面的な振る舞いにだまされるな

卯月 APR.

4月25日

他人をだますことには
大きなためらいを感じるが、
自分をだますことには何の
痛みも感じない人が多い。

ERIC HOFFER

自分

仕事
恋愛

人に対して嘘をつくときは、多少なりとも罪悪感が発生するものだが、自分自身に嘘をつくときは、痛みを感じないどころか本当の気持ちに気づかない場合も多い。特に自分を美化してしまっている場合、自分自身のいやしい部分を認めることには、他者のいやしい部分を認めることよりも、ずっと大きな嫌悪感がつきまとう。しかし、どれだけうまくだましても、自分のいやしさは消えない。

エリック・ホッファー
『魂の錬金術』中本義彦 訳
作品社／2003年

安易に自分をだましてはいけない

卯月 APR.

4月26日

「おせっかいな人で、悪意をもたないものはいない」

欲望

自分 憂鬱

人間の心は、自らの善意か他人の不幸を栄養とする。そのため、善意なき人は他人の不幸を求め、逆に善意ある人は他人の不幸をなくすことに励みやすい。厄介なのは、善人に見えて、実はただの詮索《せんさく》好きでおせっかいな人だ。彼らは嫉妬深く、他人の不幸に敏感で、それを見世物芝居のように楽しむ。ベーコンが引用した古代ローマの劇作家プラウトゥスの言葉は、自分も他人も見世物にしないように、と私たちを諭《さと》す。

ベーコン『随筆集』
成田成寿 訳
中公クラシックス／2014年

自分も他人も見世物にしないように

われわれが通りすぎる町々。人はそこで尊敬されることなど気にかけない。しかし、そこにしばらく滞在するとなると、気にかける。

自由

孤独　人生

旅行先ですれ違う人たちに、「尊敬されたい」などと思うことはないだろう。しかし、そこが生活のテリトリーになった途端、人の目が気になるものである。逆に言えば、自分のテリトリー内では無意識下で他人を気にしており、自分がどのような存在として見られているかを意識しているのだ。そのような意識から解放される気楽さが、旅にはある。

パスカル『パンセ』
前田陽一・由木康 訳
中公文庫／1973年

解放される気楽さが、旅にはある

卯月 APR. 4月28日

もしもそれが運命であるなら、我々はそれを愛しなければならぬ。またもしそれが運命であるなら、我々はそれを開拓しなければならぬ。だが噂は運命ではない。

三木清『人生論ノート』新潮文庫／1978年

決断
人生
孤独

噂は所詮、噂である。噂は不安から生まれる。人は不安から噂を生まれる。し、噂を信じ、広めていく。不安から生まれた噂は不安をさらに増幅させ、疑いから生まれた噂は疑いをさらに強める。しかし、噂は「運命」ではない。運命は確実に起こるものだから、覚悟を決めて向き合わなければいけないが、噂はそれに値しない。噂は社会的な風邪のようなものだ。

噂は社会的な風邪のようなものだ

卯月 APR. 4月29日

大人は自意識によって、自分で自分を牢獄に閉じこめている。

自分

自由 仕事

一度人に注目されてしまうと、自分の思ったままの発言ではなく、周囲の共感者とアンチの目を気にした発言になってしまうことがある。これは、「自分の発言は誰かに監視されている」という自意識によるものだ。人は自分で自分を拘束し、自意識の牢獄へとぶち込む。人は過去を消すことはできないが、人の目を気にしないことはできる。飄々《ひょうひょう》と過ごすのもよい。

ラルフ・ウォルドー・エマソン『自己信頼［新訳］』
伊東奈美子 訳
海と月社／2009年

自分で自分を拘束し、牢獄へとぶち込まないように

卯月 APR.

4月30日

じぶんの思想を生みだすためには産婆《さんば》を必要とする者がいる一方で、他人が思想を生みだすための助けをすることのできる者もいる。こうして良き対話が生まれる。

仕事

幸福 人生

哲学の父ソクラテスは、青年たちによく「君はどうしてそう思うの？」「愛とは何だと思う？」と問いかけたという。会話を深掘りするこの「哲学対話」が、多くの青年たちの目を「ハッ！」と開かせたのだ。この会話術は「ソクラテスの産婆術」と呼ばれる。「産婆」のように、相手が答えを生み出すための手助けをするからだ。

ニーチェ『善悪の彼岸』
中山元 訳
光文社古典新訳文庫／2009年

相手が答えを生み出すための手助けをする

5月

仕事

ないと不安、ありすぎると不満。

MAY

皐月 MAY

5月 1日

君は愛をただ愛とだけ、信頼をただ信頼とだけ、その他同様に交換できるのだ。

他者 欲望 恋愛

人から信頼されたければ、まず自分が信頼を与えなくてはならない。人に愛されたければ、まず自分の中で人に与える愛を生産しなくてはならない。お金と引き換えに得た愛や信頼は、本物とは言えない。イミテーション（偽物）の愛や信頼を得ることは簡単にできるかもしれないが、本物の愛と信頼は、本物の愛と信頼としか交換することができないのである。経済学者でもあったマルクスらしい考えだ。

マルクス『経済学・哲学草稿』塚城登・田中吉六 訳
岩波文庫／1964年

お金と引き換えに得た愛や信頼は、本物とは言えない

皐月 MAY

5月2日

苦しみは天才が効果をあげるための条件である。

自分

憂鬱 孤独

現実の世界に不満を覚えることはよくあるだろう。そのとき、ある人は妄想をしたり、思索にふけったりすることで満足を得ようとする。これが創造の源泉になる。不満や苦しみは、才能ある人間が物事を成し遂げるために一役買っている。不満は発明の種になり得るのだ。

ショーペンハウアー
『存在と苦悩《新装復刊》』
金森誠也 訳
白水社／1995年

不満によって才能が開花することがある

皐月 MAY 5月 3日

危険がやって来てから危険に耐える準備をしても遅い。

他者

欲望 恋愛

誰かに起こったこと、というのは誰にでも起こる可能性がある。地位や名誉を持つ人のもとには、不名誉の烙印《らくいん》を押してやろうと目論《もくろ》む者が寄ってきやすいし、資産家のもとには、資産目当てに利用してやろうと考える人が近づいてくる。上に立つ者ほど、こうしたリスクを忘れがちだ。

セネカ『生の短さについて 他二篇』大西英文 訳
岩波文庫／2010年

上に立つ者ならではのリスクがある

皐月 MAY **5月 4日**

独創性は、独創性をもたない人間にとっては、何のありがたみも感じられないものである。

他者

孤独 自由

独創性を持たない人が「独創性」を評価するのは不可能だ。むしろ、彼らが評価できるものに独創性などない。社会は「独創的な人間」を「平凡な人間」にすることに失敗すると、「変わり者」というレッテルを貼ってしまう。また、詩や絵がかけるなど、スキルと独創性が結びつけば賞賛されるが、思想などのようにスキルと結びつかない独創性は疎《うと》まれやすい。独創性を守るには、スキルを磨くことだ。

ミル『自由論』斉藤悦則 訳
光文社古典新訳文庫／２０１２年

独創性を持たない人が「独創性」を評価するのは不可能

皐月
MAY

5月 5日

怠けていたいという
この願望は、きっちり
決められた仕事に
たいする反動である。

決断
憂鬱
欲望

「怠けたい」という気持ちは、疲れから生じるのだろうか？ 必ずしもそうとは言えない。それは自分の意思ではなく、「仕事に自分のエネルギーを消費させられた」と思ったときに生じるのである。つまり怠惰は、望まない出来事に対するある種の「反逆」なのである。怠けたい、だるい、という気持ちを克服したければ、休むだけではなく、積極性も身につける必要があるだろう。

エーリッヒ・フロム
『新訳版 愛するということ』
鈴木晶 訳
紀伊國屋書店／1991年

怠惰は、望まない出来事に対する一種の「反逆」

皐月 MAY

5月6日

空っぽの頭は、実際は空ではない。ゴミで一杯になっているのだ。空っぽの頭に何かを詰め込むのがむずかしいのは、このためである。

エリック・ホッファー
『魂の錬金術』中本義彦 訳
作品社／2003年

自分

時間 欲望

パソコンと同じように、頭の中もたまにはノイズや情報を吐き出し、大掃除をしないと効率が下がる。いらない情報を捨てたほうがいいのは言うまでもないが、やらなくてはいけないと思いながらやっていないこと、覚えておくべきなのに忘れがちなことなどがあるなら、一度メモに書き出してみよう。外部にバックアップを取ることで、新たな情報を取り入れる余地が生まれる。

新たな情報を取り入れる余地をつくる

皐月 MAY 5月 7日

どうもしっくりいかないと思う若い人たちは、職業を選択するにあたっては、可能な場合はいつでも、気心の合った仲間が得られるチャンスのある仕事を選ぶように。

B.ラッセル『ラッセル幸福論』安藤貞雄 訳
岩波文庫／1991年☆

決断
他者 幸福

自分のいまいる環境と自分の考え方が合わない場合は、表面的に話を合わせることも、反発の姿勢を取ることもおすすめできない。気持ちの落ち着きが得られる環境と得られない環境とでは、自分の性格が大きく変わってしまう。環境のもたらす影響を甘く見ないことだ。「気の合う仲間が得られそう」という視点で職場を選ぶことも、選択肢のひとつである。

環境は性格に大きな影響をもたらす

皐月 MAY

5月 8日

成功したから
満足するのではない。
満足していたから
成功したのだ。

ALAIN

自分

幸福 欲望

希望は、「希望する理由」があってこそ生み出されるものである。ストア派の哲学者エピクテトスの言葉で、「カラスのお告げも、お前の気持ち次第では幸福の前兆となる」というものがある。恐怖をつくり出すのは自分自身。迷信などの不吉な予感や恐怖を胸に行動するよりも、満足感を胸にためていこう。

アラン『幸福論』石川湧 訳
角川ソフィア文庫／2011年

不吉なお告げも、気の持ちようで幸福の前兆となる

皐月 MAY 5月 9日

人々は巧言《こうげん》を操る雄弁家に信頼を寄せやすい。

他者

恋愛　孤独

人はつい、話の内容よりも、口振りや雰囲気で相手の信頼性を判断してしまう。自信ありげに話す人を見ると、話の内容は浅くても、深い意味や真実味があるように思えてくるものだ。表面的な言動ではなく、言動の裏にある本質的な態度にこそ目を向けよう。身振りを磨き、言葉を飾り立てることの労力は0に等しいが、実際に有言実行するとなると労力は0ではすまない。普段の態度に本気さはにじみ出るのだ。

ホッブズ『リヴァイアサン1』角田安正 訳
光文社古典新訳文庫／2014年

身振りや口振りではなく、普段の態度で判断すべし

皐月 MAY

5月10日

習慣は
ひとびとのあいだで
成り立っている
規則について、
疑問が生じるのを防げる。

JOHN STUART MILL

決断

他者 自由

習慣や風潮には魔術的な力がある。一度でき上がってしまうと、疑問をぶつけにくくなるのだ。習慣や風潮が間違っていると思っても、「なぜそんな風に思うの？」と、疑問を持つほうがおかしいかのような扱いをされてしまうこともある。習慣の存在理由に対して、誰も疑問を持たない状況が続けば続くほど、習慣の力はさらに強まっていく。しかし、前提を疑うことこそが、哲学の基本である。

ミル『自由論』斉藤悦則 訳
光文社古典新訳文庫／2012年

前提を疑ってみることで、発見がある

皐月 MAY 5月 11日

プライドを与えてやれ。
そうすれば、人びとは
パンと水だけで生き、
自分たちの搾取者《さくしゅしゃ》をたたえ、
彼らのために
死をも厭《いと》わないだろう。

自分

幸福 欲望

安いプライドを得るために、人はさまざまなものを差し出す。過酷な労働であっても、自らの尊厳を損なうようなことであっても、プライドさえ感じられれば「名誉だ」と思ってしまうのである。たとえば、パワハラ上司に服従し、可愛がられることにプライドを感じる人は、その上司のための自己犠牲をいとわないだろう。プライドと引き換えに、冷静な判断力を放棄してはいけない。

エリック・ホッファー
『魂の錬金術』中本義彦 訳
作品社／2003年

◎◎◎◎◎◎◎◎◎◎◎◎◎◎◎◎◎

プライドを守りすぎると搾取される

皐月 MAY

5月12日

他人の幸福を嫉妬する者は、幸福を成功と同じに見ている場合が多い。

他者

人生 幸福

他人への嫉妬は、「成功＝幸福」だと思い込んでいるときに起こりやすい。成功の条件は万人に共通するものかもしれないが、幸福の条件というのは各人のものであり、それぞれ違いがある。つまり、自分が嫉妬している「他人の成功」を得られたとしても、それがそのまま「あなたの幸福」になるわけではない。他人のゲーム盤で競うのではなく、オリジナルのゲームを創ろう。

三木清『人生論ノート』新潮文庫／1978年

他人と競うのではなく、オリジナルのゲームを創る

皐月 MAY

5月13日

わたしたちのうぬぼれは、
わたしたちの誇りが
傷つけられたときにこそ、
もっとも傷つけられるのだ。

自分

憂鬱 恋愛

自分の誇りが傷つけられたとして、深刻に受けとめ、激昂《げっこう》する必要はない。自分の中にあったうぬぼれが引っかかれただけだ、と軽くあしらえばいいのである。シリアスさは、ときに自分を苦しめる敵となる。逆に言えば、こういう経験を通して「自分はうぬぼれていたのだ」と気づけるのではないか。

ニーチェ『善悪の彼岸』
中山元 訳
光文社古典新訳文庫／２００９年

シリアスさは、ときに自分を苦しめる

皐月 MAY

5月14日

白髪があるからといって、あるいは顔に皺《しわ》があるからといって、その人が真の意味で長生きしたと考える理由はない。

自分

人生 時間

ある人が年老いているからといって、「長く生きた」とは限らない。その人は「長く生きた」のではなく「長く居た」だけかもしれない。逆に言えば、若いからといって、少ししか「生きていない」とも限らない。その人が、自分の人生とどのように向き合っているかによって「人生の密度」は異なる。必ずしも年齢と比例するものではないのだ。

セネカ『生の短さについて 他二篇』大西英文 訳
岩波文庫／2010年

「人生の密度」を意識して生きる

皐月 MAY 5月15日

幾度も校読訂正《こうどくていせい》している
間に、前より秀れた幾多の
新案を思いつくことになる。

セーレン・キルケゴール『美しき人生観』飯島宗享 訳
未知谷／2000年

時間

自分　孤独

自分の考えを書きとめて、寝かせてみる。そうすることで、あとから見返したときに、「あれ？ここはもっといいやり方があるぞ」と新しいひらめきが生まれ、どんどん改良していくことができるのだ。偶然の誤植《ごしょく》などによって新しいアイデアが降ってくることもあるだろう。とにかく一度、書いてみることだ。

一度、書いてみることでアイデアが降ってくる

皐月 MAY

5月16日

人間が挫《ざ》折《せつ》をどのように経験するかということは、その人間を決定する要点であります。

他者

人生 孤独

絶対的な挫折や一人では乗り越えられないような壁にぶち当たるような状況を、ヤスパースは「限界状況」と呼んだ。限界状況では、私たちは誰かとの支え合いによって前進することができる。この支え合いを、ヤスパースは「実存的交わり」と名づけた。人と励まし合い、協力し合うことで乗り越えられる挫折もある。目の前に「限界状況」に直面する誰かがいたときは、積極的に実存的交わりをかわそう。

ヤスパース『哲学入門』
草薙正夫 訳
新潮文庫／１９５４年

◎◎◎◎◎◎◎◎◎◎◎◎◎◎◎◎◎◎◎◎◎

協力し合うことで乗り越えられる挫折もある

皐月 MAY

5月17日

どんな技術を
マスターする際にも必要な
第三の要素がある。（…）
その技術を習得することが
自分にとって究極の関心事
にならなければならない。

決断

人生 欲望

技術の習得に必要な3つの要素とは何か。第1の要素は、理論的に精通すること。つまり正確な知識を得ることだ。第2に、その知識をもとに習練に励むこと。頭ではわかっていても、実際に使いこなせるかどうかは習練にかかっている。そして第3が極めつきで、技術の習得が、自分の中で最大の関心事となることである。これらの3要素をもって技術はマスターされてゆく。

エーリッヒ・フロム
『新訳版 愛するということ』
鈴木晶 訳
紀伊國屋書店／1991年☆

技術のマスターを、自分の中で最大の関心事にする

皐月 MAY 5月 18日

柄に応じた修行の道に励み、他のいっさいの道を避け、柄にぴったりとくる地位や仕事や生き方を選ぶことである。

人生

幸福 自由

自分の能力や素質に合わない仕事を選ぶと、余計な苦痛を味わうことになる。一人で緻密《ちみつ》に物事を考えることが好きな人が、コミュニケーションを必要とする仕事につくと、要らない苦労をすることになるし、コミュニケーションを取ることが好きな人が、一日中机に向かって細かい作業をすることは苦痛である。自分の素質に合った仕事や生き方に準じることで、余計な苦労は削《そ》ぎ落とされていく。

ショーペンハウアー
『幸福について――人生論』
橋本文夫訳
新潮文庫／1958年

自分の素質に合った仕事や生き方を選ぶ

皐月 MAY

5月19日

深く突き動かされた
精神以外、
何か余人の及ばぬ
偉大なことは語れない。

自分

欲望
孤独

プラトン曰く「正気の人間が、試作の門を叩いてみても無駄」であり、アリストテレス曰く「狂気がない天才はかつて存在しなかった」。つまり、「ありきたり」の中にとどまっていては、偉大なものは生み出せないのだ。偉大なものの中には、多少の狂気が含まれているものである。

セネカ『生の短さについて 他二篇』大西英文 訳
岩波文庫／2010年

偉大なものの中には、多少の狂気が含まれている

皐月 MAY 5月20日

金は、まず忠実さを要求する。ただ必要から金を求める人びとを避ける。財産を作った人たちは、何事につけてもかせごうと思ったのである。

アラン『幸福論』石川湧訳
角川ソフィア文庫／2011年★

欲望

人生 幸福

お金持ちになるのは簡単だ。「お金を稼ぐこと」を目的にすればいい。あなたの目的が「お金を稼いで、豪遊《ごうゆう》すること」なら、それは「お金を稼ぐ」ことではなく「豪遊すること」が目的となっている。「お金を稼いで、起業すること」が目的なら、「起業すること」が目的だ。「お金持ちになりたい」のなら、「お金を稼ぐこと」に徹すべし。ただし、それで心が満たされるかは別問題である。

お金持ちになるには覚悟が必要だ

皐月
MAY

5月21日

人間の努力の総量を軽減する方策は、ほかにはひとつしかない。現代的表現によるならば、労働の合理化と命名できるものだ。

時間
欲望
自由

さまざまな努力が相関性を持つ仕組みをつくること。これが労力に対する生産性を、効率よく最大化する方法である。たとえば体を動かす仕事なら、体を鍛えながら金銭的報酬も手に入るといったように、ひとつの労力によって複数のものが手に入る仕組みを考えるのだ。労力と報酬の総量が比例するわけではないからこそ、仕組みや方法が活きてくる。

シモーヌ・ヴェイユ
『自由と社会的抑圧』
冨原眞弓 訳
岩波文庫／2005年

◎◎◎◎◎◎◎◎◎◎◎◎◎◎◎◎◎◎◎◎◎◎
さまざまな**努力**が**相関性**を**持**つ**仕組**みをつくる

皐月 MAY

5月22日

「右の手のしていることを左の手に知らせるな」

HANNAH ARENDT

自分 他者 欲望

アレントは聖書の言葉を引いた。自分が善行をしていると意識しながら行動する人は、本当の意味での善人とは言えない。むしろ、義務や慣習に忠誠を誓う、社会にとって有益かつ忠実な人間でしかないだろう。誰かに見られているから、社会で評価されるから、という理由で行う善行を、善行とは言わない。それは言い換えるなら、人前でしない限り評価を得られない行為はしたくない、ということなのだから。

ハンナ・アレント
『人間の条件』志水速雄 訳
ちくま学芸文庫／1994年

評価されるから、という理由で行う善行は偽善

皐月 MAY

5月23日

有用さに基づいて愛しあう
人々は（…）自分にとって
なんらか善いものが
相手のもとから生まれる
かぎりにおいて愛する。

他者

幸福 恋愛

誰かと関係を持つとき、その人の「人間性」が好き、という場合もあれば、その人の「自分にとって役に立つところ」が好き、という場合もある。そのままの相手が好きなのか、いくつかの好条件が揃っているから好きなのかでは、何に対して心ひかれているかが違ってくる。合理性はときにロマンを生産するが、清算もしてしまう。

アリストテレス
『ニコマコス倫理学（下）』
渡辺邦夫・立花幸司 訳
光文社古典新訳文庫／2016年

合理性はときにロマンを生産するが、清算もしてしまう

皐月 MAY

5月24日

才能は
一つの化粧である。
化粧はまた
一つの隠れ家なのだ。

自分

他者 恋愛

才能は化粧のように、その人の素《す》の姿を包み隠してしまうことがある。才能が前面に出ることによって、その人の人格が見えにくくなるのだ。そしてその人の才能が衰え、示せなくなってきたときに、化粧は崩れ、素顔があらわになる。「才能がある人は聖人君子《せいじんくんし》であるはずだ」と期待されがちだが、才能と人格はまったく別ものである。

ニーチェ『善悪の彼岸』
中山元 訳
光文社古典新訳文庫／２００９年

才能と人格はまったく別もの

皐月 MAY

5月25日

欲望は盲目的なものになる一方で、アイディアを刺激し、それに推進力を与えることになる。

欲望

決断 人生

欲望は具体的なアイデアを生む。しかし、欲望がアイデアに転化されず、欲望のままで終わってしまう場合もある。欲望を抱いた段階では、まだ何も実現に向けてスタートしていない。欲望をアイデアに変え、実行に移すとき、「真剣さ」という手間を込める必要がある。思いつきだけで満たされる欲望など、ないのだ。

ジョン・デューイ
『経験と教育』市村尚久 訳
講談社学術文庫／2004年★

◎◎◎◎◎◎◎◎◎◎◎◎◎◎◎◎◎◎

思いつきだけで満たされる欲望などない

皐月 MAY

5月26日

仕事をおもしろくする
主な要素は、二つある。
一つは技術を行使すること、
もう一つは建設である。

幸福

自由
時間

熟練の技術を要する仕事には、技術が向上し、磨かれていく「変化」そのものの楽しみがある。建設の仕事も、図面を引き、建設していくという「プロセス」自体におもしろさがある。完成したものを眺める楽しみはもちろんあるが、それだけではないのだ。ここをこうすれば、よりよくなる。完成に近づける。改善の「余地」が、仕事のやりがいや次の「完成」につながっていくのである。

B.ラッセル『ラッセル幸福論』安藤貞雄 訳
岩波文庫／1991年

改善の「余地」が、仕事のやりがいとなる

皐月 MAY 5月27日

絶対的に無力か、絶対的に強大であるとき、すべてが可能に思えてくる――そして双方の状態とともに、われわれの軽信性をかき立てる。

人生
欲望
恋愛

物事がうまくいっているとき、もしくは後先がないような状況に追い込まれたとき、私たちは「すべてが可能である」かのような錯覚を抱く。「何でもできる」という全能感は、私たちを油断させる。「連戦連勝の自分が負けるわけない」という過信。「何かが自分を救い出してくれる」という希望的観測。そういうものによって私たちは、普段は信じないようなことでも、軽々しく信じ込んでしまうのだ。

エリック・ホッファー
『魂の錬金術』中本義彦 訳
作品社／2003年

「すべてが可能である」かのような錯覚によって負ける

皐月 MAY

5月28日

人間が不完全な存在であるかぎり、さまざまな意見があることは有益である。

他者

自分 自由

他人に迷惑がかからない限りは、自分の責任において自由に行動したほうがいい。さまざまな性格の人が、それぞれの個性を最大限に発揮できる生き方を試していくことで、多様な選択肢が生まれていく。世間のルールや伝統ばかりを気にしていると、幸福の追求ではなく、自分をうまく型にはめ込むことばかりが目的となってしまう。

ミル『自由論』斉藤悦則 訳
光文社古典新訳文庫／2012年

迷惑がかからない限り、自由に行動したほうがいい

皐月 MAY

5月29日

どこかの要人を夕食に招くことになっても、彼の機嫌をとるつもりはない。(…)私は彼を重要人物としてではなく、同じ人間として迎える。

ラルフ・ウォルドー・エマソン『自己信頼［新訳］』伊東奈美子 訳
海と月社／2009年

他者

自分 孤独

偉い人に対して媚《こび》を売る必要はない。他人の恩恵によって、自分を引き上げようとするような安い打算は捨てよう。相手がどれほどの権力を持ち、高い役職についているとしても、自分を偽らずに、対人間として接することだ。相手の立場を重視するのではなく、誠実な人間づき合いにこそ重きを置こう。

安い打算は捨てて、媚びることなく相手と向き合う

皐月 MAY

5月30日

人はしたいことをしないとき、したくないことをするときと同じくらい、うんざりするものだ。

自分

人生 幸福

したくないことをしているときだけでなく、したいことをやらないでいるときにも、活力は失われてしまうものだ。逆に言えば、したくないことをしなければいけない状況であっても、一部分だけでもしたいことをしていれば、そこまでうんざりせずに過ごせるだろう。人はしたいことの分だけ「楽しみの種」を持っている。

エリック・ホッファー
『魂の錬金術』中本義彦 訳
作品社／2003年

人はしたいことの分だけ「楽しみの種」を持っている

皐月 MAY

5月31日

労働は最もよいものであり、最も悪いものである。

自分

他者　幸福

誰かに命令されたことだけを淡々と行う仕事には、苦痛がともなう。しかし、自発的な労働はとてもよいものだ。自分の知識や経験を生かして行う仕事は、自分を仕事の奴隷にしないどころか、むしろ仕事をコントロールすることにもつながる。そうすることで私たちは、仕事から充足感や幸福感を得ることができるのだ。

アラン『幸福論』石川湧 訳
角川ソフィア文庫／2011年

自分を「仕事の奴隷」にしない

6月

憂鬱

不幸せの蜜は、やみつきになる。

JUNE

水無月 JUN. 6月 1日

われわれの見方に映じた物事のあり方が、われわれを幸福にしたり、不幸にしたりするのである。

幸福

自分 仕事

人の幸・不幸を決めるのは、物事そのものではない。物事に対する私たちの「考え方」である。もちろん体調も影響するが、感受性も大きく関係してくる。感受性の強い人ほど、気分のムラが出やすいものだ。これは悪いことばかりではない。アリストテレス曰く、「すべての天才は憂鬱である」。こう考えると、気分のムラ、つまり感受性の高さを逆手に取り、大成することもできるのである。

ショーペンハウアー
『幸福について――人生論』
橋本文夫 訳
新潮文庫／1958年

感受性の強い人ほど、気分のムラが出やすい

幸福からにせよ、不幸からにせよ、いずれにしても不安の種は尽きないのである。

人生

幸福
欲望

不幸につながる「不安の種」は想像しやすいが、幸福にも「不安の種」が含まれることは見落とされがちだ。そもそも、幸福の維持には労力が求められる。幸福な瞬間が終わるのは「不安」だろう。だから人は、幸福を維持するために別の幸福を求める。そして高い水準で維持しようとすればするほど、なくす不安も大きくなる。不安の解消のために幸福を求めるのはあまり意味がない。大切なのは節度だ。

セネカ『生の短さについて 他二篇』大西英文 訳
岩波文庫／2010年

幸福を維持するために別の幸福を求めてしまう

ふさぎ病の人には、私はたった一つしか言うことがない。それは《遠くを見よ》ということだ。

人生
幸福
自由

人は、近いところばかり見ていると悩みがちになる。悩んでいれば、視野も狭くなり、前向きな可能性を見落としやすくなる。一方、人は遠くを見ると安らぎを覚える。星や水平線、遠くの景色などを眺めてみよう。悩んだときは原因の追究ばかりに心を囚われず、遠くを見ることだ。世界は、いま自分の目に映っている範囲だけではない。知らないことの数だけ可能性がある。

アラン『幸福論』石川湧 訳
角川ソフィア文庫／2011年

世界は、いま自分の目に映っている範囲だけではない

水無月 JUN. 6月 4日

人間というものは、極端な対立をもって、物事を考えがちである。

他者

仕事 決断

人は曖昧さに耐えるのが苦手だ。つい、わかりやすさを求めた議論をしてしまう。しかしたいていの問題は、はっきり答えが出る性質のものではない。だから対立は深まる。「〇か×か」を考える前に、中間的な答えがないか、と考えることが大切だ。「どちらが正しいと思うか」と聞かれると、どちらも正しくなくても、どちらかが正しいかのように思い込んでしまう。問いのマジックに騙《だま》されてはいけない。

ジョン・デューイ
『経験と教育』市村尚久 訳
講談社学術文庫／2004年

問いのマジックに騙されてはいけない

水無月 JUN. 6月 5日

生きることに意味があるなら、苦悩することにも意味があります。

人生

自分 孤独

苦悩は他人と比較できない。似た苦悩でも、「その人の苦悩」という意味では唯一性がある。そこに、苦悩の意味がある。誰かと同じような困難に見舞われても、その人を取り巻く環境、性格などは違うので、まったく同じ苦悩は存在しない。人生も一緒だ。同じようなレールを歩いているように見えても、同じ人生はあり得ない。苦悩はつらいが、自分の人生が唯一のものであることを証明してくれる。

V・E・フランクル『それでも人生にイエスと言う』山田邦男・松田美佳 訳
春秋社／1993年

自分の人生は「ただひとつのもの」

水無月
JUN.
6月 6日

陰気な人間は十の計画のうち九までが成功しても、この九を喜ばずに、一の失敗に腹を立てる。

幸福
人生 欲望

結果が幸・不幸、どちらにも転ぶ可能性があるとして、陽気な人間は「幸」になる可能性を喜び、陰気《いんき》な人間は「不幸」になる可能性を嘆く。こう考えると、陽気な人間は十の内、たとえ九まで失敗したとしても、残された一の成功の可能性によって自分を励まし、モチベーションを高めることができる。陰気な人間は、逆の理由から一の可能性に落ち込む。人は自分の見たいように物事を捉えている。

ショーペンハウアー
『幸福について——人生論』
橋本文夫 訳
新潮文庫／1958年

陰気な人間は、一の可能性に落ち込む

水無月 JUN. 6月 7日

悩みの原因になっている事柄がいかにつまらないかを悟ることで、ずいぶんたくさんの心配ごとを減らすことができる。

自分

人生
幸福

講演が苦手だったラッセルは、「講演会の前に足でも折れて、行かないですむことにならないかな」と考えていたそうだ。最初は「うまく話さなくてはいけない」というプレッシャーに悩まされていたのだが、次第に「私がうまく話そうが、へたに話そうが、宇宙に大きな変化はないだろう」と気づき、気を楽にして臨めるようになったという。宇宙規模で考えれば、どんな失敗もたいしたことはない。

B.ラッセル『ラッセル幸福論』安藤貞雄 訳
岩波文庫／1991年

自分が失敗しても宇宙に大きな変化はない

水無月 JUN. 6月 8日

苦痛に負けることは恥ずかしくないが、快楽に負けることは恥ずかしい。

欲望

決断 人生

快楽と違って、苦痛は私たちを誘惑しない。私たちがあえて苦痛に挑むときは、苦痛を越えていこうとする覚悟があるときだ。それは、自分の力によって苦痛を支配しようと試みるためでもある。このとき、苦痛に対して私たちは主人である。一方、快楽は私たちを誘惑し、従えようとする。快楽に対して私たちは奴隷なのだ。パスカル曰く、快楽の誘惑に負けるのは、自ら奴隷になることに等しいので恥ずかしい。

パスカル『パンセ』
前田陽一・由木康 訳
中公文庫／1973年

快楽の誘惑に負けるのは、自ら奴隷になることに等しい

長いあいだ深淵《しんえん》を覗きこんでいると、深淵もまた君を覗《のぞ》きこむのだ。

欲望

人生　他者

ミイラ取りが、ミイラになることがある。ニーチェはこれに対して注意を喚起する。不正や社会悪といった「怪物」と闘い続ける内に、自分自身が悪に染まり「怪物」となってしまうことがあるからだ。恐ろしいものを見続ける。憎しみに突き動かされて行動する。負のエネルギーに長期間、身をさらしてはいけない。退避することもときには必要だ。人を救おうとして、自分が溺れることのないように。

ニーチェ『善悪の彼岸』
中山元 訳
光文社古典新訳文庫／2009年

負のエネルギーに長期間、身をさらしてはいけない

水無月 JUN.

6月10日

信仰そのものは
頭や心に何ももたらさない。
信仰は、頭や心が空っぽの
ままであるように見張りを
つとめるにすぎない。

自分

決断 幸福

現代社会において、信仰がその人の内側から何かを変えるほどの力を持つことは稀だろう。むしろ信仰は、その人の内なる精神の外側に分厚い壁を築き、外部から余計なものが入ってこないようシャットダウンする役割を果たす。ただ黙って受け入れるだけの信仰に、その人の内面を鍛え、革新するような力は宿らない。自分を変えるのは、能動的な信仰である。自分でないと、自分は変えられない。

ミル『自由論』斉藤悦則訳
光文社古典新訳文庫／2012年

自分でないと、自分は変えられない

水無月 JUN. 6月 11日

憎しみは、憎みかえすことによって増大し、また逆に愛によって除去されることができる。

自分

他者 恋愛

「私はあの人から憎まれている」と想像することによって、その人に対するあなたの憎しみは増幅される。憎まれているという想像は、もともと相手に対して持っていた憎しみに加算される性質を持つ、というのがスピノザの考えだ。しかし、愛によって憎しみを克服することができた場合、その愛はとても深いものになる。愛とともに、憎しみと向き合おう。

スピノザ『エティカ』
工藤喜作・斎藤博 訳
中公クラシックス／2007年

憎しみを乗り越えた愛は、より深いものになる

水無月 JUN. 6月 12日

肉料理やその類の食べ物は、魚の、また鳥あるいは豚の死体であり、性交は摩擦と一種の痙攣《けいれん》を伴った粘液《ねんえき》の射出という表象をもつ――。

他者

自分 自由

私たちは「肉」や「苔《こけ》」など、言葉といういわば「ヴェール」のようなものを通して物事を認識する。だがそれを取り外し、物事のありのままの姿を直視すると、奇妙な感覚に陥る。「肉」という言葉があるから、目の前の物体を「肉」だと認識できるが、肉そのままの姿を見れば、血と脂《あぶら》が混ざったぬめぬめした物体にしか見えない。言葉の認識に頼り、ありのままの姿を直視するという姿勢は忘れがちなものである。

マルクス・アウレリウス
『自省録』鈴木照雄 訳
講談社学術文庫／2006年★

ありのままの姿を直視する姿勢を忘れない

水無月 JUN. 6月 13日

少量のワインは私に悲哀《ひあい》をそそり、大量のワインは憂鬱にする。

孤独

人生 自分

ロマンチストで、いつもメランコリーに悩まされていたキルケゴール。「一般的な正解ではなく、自分自身にとっての幸せや大切なことは何か？」と悩み抜いた彼は、憂鬱を紛らわすためにさまざまな気晴らしを取り入れていた。社交の場に出向いたり、馬車で歓楽街に出かけたり……。ワインもその内のひとつ。けれども飲酒は気を晴らすどころか、メランコリーを一層深めてしまっていたようだ。

セーレン・キルケゴール
『美しき人生観』
飯島宗享 訳
未知谷／2000年

憂鬱を紛らわすためのワインで、余計に悲しくなる

水無月 JUN. 6月14日

怒《いかり》は復讐心として
永続することができる。
復讐心は
憎《にくし》みの形を取った怒である。

自分

他者
孤独

怒りという感情は突発的なもので、怒りが生じた瞬間の鮮度を保ったまま長期間、維持することは難しい。しかし、怒りは憎しみへと形を変えることで継続的な感情となる。怒りと憎しみは混同されやすいが、同じものではない。憎しみは、怒りを負の感情で発酵させ、長持ちするように加工した、一種の腐った感情である。

三木清『人生論ノート』
新潮文庫／1978年

「怒り」を保つのは、意外と難しい

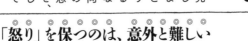

水無月 JUN. 6月 15日

その不幸を誰のせいにしていいかわからないときには、運命を人格化し、故意に自分たちを苦しめているのだと考える。

人生

自分 幸福

誰のせいにしていいかわからない不幸が、私たちに襲いかかるときがある。そのようなとき、私たちは「運命」を擬人化しようと試みる。運命が、故意に自分たちに悪さを仕向けてくることを「運命のいたずら」などと呼ぶが、運命という人格など存在しない。現実はただ淡々と起こるのみだ。起こった現実に対し、意味を創り出すのは、人格を持つ自分自身にかかっている。

ルソー『孤独な散歩者の夢想』今野一雄 訳 岩波文庫／1960年★

現実はただ淡々と起こるのみだ

水無月 JUN.

6月16日

自分を軽蔑している人でも、
自己軽蔑者としての
自分を尊重しているものだ。

孤独

自分　恋愛

自分のことを軽蔑している人がいるとする。「悲劇のヒロイン」という言葉があるが、自分を軽蔑し、卑下《ひげ》することに対して酔いしれる、というのはときに気持ちがいいものだ。自虐的な発言を繰り返す人もそうだ。あえて自分を悪く言う人は、調子に乗っていない自分（自己像）に誇りを抱いているだけかもしれない。もちろんそれを、本当の誇りとは呼ばない。

ニーチェ『善悪の彼岸』
中山元 訳
光文社古典新訳文庫／2009年

ときに人は自らを軽蔑し、卑下することに酔いしれる

水無月 JUN. 6月 17日

行動的な人間は感傷的ではない。

時間

人生 自分

過ぎ去ったものには、感傷的な美しさがある。感傷は昔を思い出すときに湧き起こるものだ。逆に言えば、未来に対して感傷的になるのは不可能だ。また、感傷とは立ち止まった状態のときに喚起されるものである。行動的な状態では、感傷にひたることは難しいのである。感傷から脱却したいのであれば、未来に向けて行動することだ。

三木清『人生論ノート』
新潮文庫／1978年

未来に対して感傷的になるのは不可能

水無月 JUN. 6月18日

多くの人は根も葉もないことを疑ったり、些細なことを深刻にとったりして、苦悶《くもん》の種をわざわざ自分であつらえている。

自分

欲望 他者

怒りや悩みが向こうから、私たちのもとを訪ねてくるわけではない。むしろ私たちは、些細な不安の種を見つけ出し、怒りや悩みに自ら歩み寄っている。私たちが他人に対して怒るのは、たいてい「不当な扱い」を受けたときである。この手の怒りは自己肯定感が強い人に起こりやすい。彼らは自分が思う「自分の潜在能力」よりも低く見積もられたと思い込み、自ら怒りにいくのである。

セネカ『怒りについて 他二篇』兼利琢也 訳
岩波文庫／2008年

自己肯定感が強い人ほど、自分から怒りにいきがち

水無月 JUN. 6月 19日

考えをよそへ
向けようと努力すれば、
目をそむけようとしている
幽霊が一段とこわいものに
見えてくる。

他者

仕事 恋愛

恐ろしく思っていることがあるならば、いったん冷静になってからその問題と向き合ってみることだ。遊びや仕事で気を紛らわせ、見ないように「意識して」いる内に、どんどん恐怖心は育っていく。幽霊は暗がりで、ちらりと見えてしまうから怖いのだ。明るい場所で直視すれば、「なんだこんなものか」と正体がわかり、怖さも薄れるもの。幽霊は暗がりと相性がいい。

B.ラッセル『ラッセル幸福論』安藤貞雄 訳
岩波文庫／1991年

幽霊は暗がりと相性がいい。太陽の下だと怖くない

水無月
JUN.

6月20日

大きな苦しみがないときは、取るに足らない不快事でも、われわれをひどく苦しめ、不機嫌にさせる。

人生
幸福
孤独

大きな苦しみがあるときは、些細な苦しみは気にならないものである。逆に小さいことにくよくよしてしまうときは、大きな苦しみに見舞われていないから、小さな苦しみが目立っているだけである。些細なことに胸を痛めてしまうときは、その些細なことに囚われるのでなく、大きな苦しみのない順風満帆さに、まず目を向けてみよう。

ショーペンハウアー
『存在と苦悩《新装復刊》』
金森誠也 訳
白水社／1995年☆

◎◎◎◎◎◎◎◎◎◎◎◎◎◎◎◎◎◎
いまは小さな苦しみが目立っているだけ

水無月 JUN. 6月 21日

見込みが多いものは、希望を引き起こし、見込みがわずかであるものは、不安を引き起こす。執着は不安の一種である。

欲望

人生 恋愛

欲しいものがあるとする。手に入れられる確率が高いと思うと、その瞬間に希望が満ちるし、手に入れられる確率が低いと思うと、不安が湧く。おもしろいのは、手に入れられる確率が低いとわかっているにもかかわらず、どうしても希望を捨てたくないときで、ここで湧き上がるのが「執着」だ。これも不安の一種に数えられる、とデカルトは言う。手に入る可能性が少しでもあるから、不安を抱くのだ。

デカルト『情念論』
谷川多佳子 訳
岩波文庫／2008年★

手に入る可能性が少しでもあるから、不安を抱く

水無月 JUN. 6月22日

悲しみや喜びのために（…）生ずる欲望は、それによる動揺が大きければ大きいだけ、また強いものになる。

欲望

幸福 他者

大きな悲しみを除去するには、悲しみの大きさに比例した大きな欲望や衝動が必要だ。喜びも同じである。大きな喜びを維持するために必要な欲望もまた、比例して大きくなりやすい。憎しみや愛といった感情もやはり同じで、それが大きくなるほど、維持するにせよ除去するにせよ、同じ程度の欲望が求められる。大きな悲しみに見舞われたら、思いきり自分を甘やかしてみるのもよいだろう。

スピノザ『エティカ』
工藤喜作・斎藤博 訳
中公クラシックス／2007年

感情は、同程度の欲望により埋め合わせることができる

水無月 JUN. 6月23日

想像は恐怖を調合し、
私たちに恐怖を味わわせる。

決断

仕事
恋愛

恐怖は想像力によってかき立てられる。「試験に失敗したらどうしよう」という不安を抱えているとしよう。試験に失敗するにしろ、成功するにしろ、合格発表の場面は、どれだけ心配しようと一度しか起こらない。けれども、想像力によって不安を際限なくふくらませた場合、その人は事前に何度も「失敗の恐怖」を味わっていることになる。恐怖を喚起する想像は、どこかで断ち切らねばならない。

アラン『幸福論』石川湧 訳
角川ソフィア文庫／2011年★

◎◎◎◎◎◎◎◎◎◎◎◎◎◎◎◎◎
恐怖は想像力によってかき立てられる

水無月 JUN.

6月24日

彼は自己自身から逃れ出ることができないことをめぐって絶望するわけである。

自分

自由 孤独

人は自分自身から逃れることができない。たとえば何か事件を起こし、捕まることを恐れ、世界の裏側まで逃げたとしても、「罪悪感を抱えた自分自身」だけはぴったりついてくる。私たちは「理想の自分」を心に持ちながらも、「その理想に現実がともなっていないと不満を抱く自分」も同時に抱えている。人は、さまざまな「自分VS自分」という葛藤の中で、絶望に陥ってしまうのである。

セーレン・キェルケゴール
『死に至る病』鈴木祐丞 訳
講談社学術文庫／2017年

「罪悪感を抱えた自分自身」だけはぴったりついてくる

水無月 JUN.

6月25日

世界で生じている問題の根源は自己愛にではなく、自己嫌悪にある。

自分

他者 恋愛

私たちは、自分を愛するように、他の誰かのことを愛する。自分を真の意味で大切にしているときは、他人のことも大切にできるが、自暴自棄になっているときは、他人に対しても破滅的な態度で接してしまう。また、自分を犠牲にする覚悟があるときは、他人をも犠牲にしてしまいやすい。自分に対する思いや態度が、相手に対する思いや態度に影響するのだ。

エリック・ホッファー
『魂の錬金術』中本義彦 訳
作品社／2003年

自分を愛するように、他の誰かのことを愛する

水無月 JUN.

6月26日

罪の意識が特に明瞭になってくるのは、疲れや病気や飲酒その他の原因によって、意識的な意志が弱められたときである。

B.ラッセル『ラッセル幸福論』安藤貞雄 訳
岩波文庫／1991年

決断
仕事 時間

ローマのことわざに、「悪魔も病気になると、聖者になりたがる」というものがある。疲れや病気、飲酒など、あらゆる理由で弱気になっているときは、神を信じていなくても、神頼みしたくなるもの。特に何か失態をしたわけでもないのに、自分の中で罪の意識が芽生えてしまうときは、疲れがたまっているのだろう。休みたいときは、罪の意識を持たずに休もう。

休みたいときは、罪の意識を持たずに休もう

水無月 JUN.

6月27日

苦しみや悩みは（ある種の）快楽になると言ってよい。

欲望

孤独　時間

現状に飽き飽きしている人は、自分を刺激し、どこか別の世界へ連れていってくれるようなものなら、何でもありがたいと思いがちだ。退屈しているとき、苦悩やトラブルといった日常をかき回す普段とは異なる刺激が、一種の快楽となる場合がある。人は苦しみや悩みでさえ、暇を打ち消すための娯楽に変えてしまえるのだ。

セネカ『生の短さについて 他二篇』大西英文 訳
岩波文庫／2010年

悩みは、暇を打ち消すための娯楽になることがある

水無月 JUN. 6月28日

悲劇において苦痛なまでの快感をもたらすのは、その残酷さである。

欲望

他者
恋愛

古くは闘技場での試合、現代で言えばサスペンスドラマや戦争映画など、「残酷さ」は娯楽の一種になっている。人によって違いはあれど、赤の他人の悲劇を楽しめるくらいのサディズム性が元来、人には備わっているのだ。逆に、残酷な悲劇が自らにふりかかったとき、それは自己憐憫《れんびん》という形のマゾヒズム性として表れることもある。

ニーチェ『善悪の彼岸』
中山元訳
光文社古典新訳文庫／2009年

他人の悲劇を楽しめる程度のサディズム性が人にはある

水無月 JUN.

6月29日

失われる希望というものは希望ではなく、期待や欲望、目的である。

幸福

時間 欲望

本来、希望というものは、失われることがない。どのような状態であれ、希望は探すことも、持つこともできるからだ。しかし、希望が失われたと思うことはあり得る。そのようなときは、「希望の形」が限定的なものになっているにすぎない。それは希望が失われたのではなく、期待や欲望、目的が叶わなかったというだけなのである。いかなる場合においても、希望は失われない。

三木清『人生論ノート』
新潮文庫／1978年★

希望は、失われないもののことである

水無月 JUN.

6月30日

不平不満をもつことは、人生に目的をもつことである。不平不満は、希望の代替物のようなものとして機能しうる。

人生

仕事　恋愛

不平不満は、現状を脱却したいと考えるきっかけにもなるが、気をつけないと依存の対象となることもある。現状に文句や愚痴を言いながらも、そこから抜け出そうとしない人は、「希望の代替物」として「納得いかない状況に耐えている自分」を、何だかんだ気に入っているのではないか。彼はその状況に依存してしまっているのだ。希望に夢が含まれるように、不平不満にもある種のうまみがある。

エリック・ホッファー
『魂の錬金術』中本義彦 訳
作品社／2003年

納得いかない状況に依存しすぎてはいけない

7月

幸福

遠くを探す。いつも近くで見つかる。

ALAIN

JULY

文月 JUL.　7月　1日

しあわせは、
けっして目標ではないし、
目標であってもならないし、
さらに目標であることも
できません。それは
結果にすぎないのです。

人生　時間　仕事

フランクルは、インドの哲学者タゴールの詩を紹介している。「私は眠り夢を見る、生きることがよろこびだったらと。私は目覚め気づく、生きることは義務だと。私は働く——すると、ごらん、義務はよろこびだった」。喜びは、喜びそのものを欲することはできない。やるべきことを果たす中で湧き出てくるものである。つまり、懸命に生き抜く中でこそ、喜びは湧き出てくるのだ。

V・E・フランクル『それでも人生にイエスと言う』山田邦男・松田美佳 訳
春秋社／1993年

喜びは、やるべきことを果たす中で生まれる

文月 JUL. 7月 2日

幸福の秘訣の一つは、自分自身の気分に無関心でいることだと思う。

ALAIN

自分

決断 憂鬱

気分に振り回されないことだ。たとえば「不機嫌」は気分だが、いちいちそれにかまう必要はない。「かまって！」と飛び跳ねる犬を放っておくと、あきらめて犬小屋に帰っていくように、かまわなければ「不機嫌」も次第におさまっていく。ひっついて離れてくれない嫌な気分を解消して幸福になりたいのなら、「気にしない」でいるのがいちばんだ。

アラン『幸福論』石川湧 訳
角川ソフィア文庫／2011年

不機嫌は「気にしない」でいるのがいちばん

文月 JUL. 7月 3日

すべての人は、幸福になることをさがし求めている。それには例外がない。

欲望

他者 恋愛

なぜそんな行動をとったのか。なぜそんなことを言うのか。他人の言動に関して「理解できない」と思う場面は、人づき合いをする中で多々ある。しかし、相手がどんな言動をとろうとも、その動機はひとつ。つまり、いかなる言動も「その人が、その人にとっての幸せに向かった結果」なのである。どれだけ理不尽と感じても、その人なりに「より幸福な選択肢」を選んでいるにすぎない。

パスカル『パンセ』
前田陽一・由木康 訳
中公文庫／1973年

その人なりに「より幸福な選択肢」を選んでいる

文月 JUL. 7月 4日

親愛の情と好意を取り去ったら、人生から全ての喜びが奪われてしまうのだ。

他者

決断 人生

キケロー曰く、友情が「この人といると得だから」という実益関係にもとづくのは好ましくない。「自分にないものを持っているから」という補完関係によるのも、同様である。ただその人を、「大切にしたい」「大切にする」という気持ちのもとに成立させるものが、友情だ。互いの価値を認め合った者同士のあいだにこそ、友情は成立する。

キケロー『友情について』
中務哲郎 訳
岩波文庫／2004年

◎◎◎◎◎◎◎◎◎◎◎◎◎◎◎◎◎◎◎◎◎◎◎◎
互いに認め合った者同士のあいだにこそ友情は成立する

文月 JUL. 7月 5日

あなたは
いちばん近くのことにも
こんなに無器用なくせに、
なぜいちばん遠いものを
捜しているんですか。

自分

人生 仕事

古代ギリシャの哲学者タレスは、天体について考えながらぼんやり歩いているときに、うっかり井戸の中に転落してしまった。この言葉は、その様子を見た女中がタレスに放った一言である。遠くのことに夢中になりすぎると、自分の足もとがおろそかになってしまうことがあるのだ。

ヤスパース『哲学入門』
草薙正夫 訳
新潮文庫／1954年

遠くのことに気を取られて、足もとをおろそかにするな

文月 JUL. 7月 6日

最も習得がむずかしい算数は、自分の幸福を数えあげることである。

自分

人生 時間

人はときに、「幸せ」の感覚が麻痺《まひ》することがある。幸福が当たりさわりのない日常の風景のひとつになったとき、かつての「幸福」は「退屈」として感じられる。しかし、このことは「幸福」が失われたことを意味しない。「慣れ」が生じただけである。たまには、自分がどれだけ「幸福」を持っているかを数えあげてみるといい。幸福は日常の中に、たくさんひそんでいるはずだ。

エリック・ホッファー
『魂の錬金術』中本義彦 訳
作品社／2003年

幸福は日常の中に、たくさんひそんでいる

啓蒙とは何か。それは人間が、みずから招いた未成年の状態から抜けでることだ。

自分

人生 自由

他人の考えに従う「未成年の状態」から抜け出せないのは、自分の考えに従う勇気を持てないためである。カントは「真理を学ぶのが哲学ではなく、哲学的なものの考え方を学ぶのが哲学だ」と説いた。大事なのは答えを知ることではない。答えのようなものを自分で考え、それに従う勇気を持つことである。

カント『永遠平和のために／啓蒙とは何か 他3編』中山元 訳 光文社古典新訳文庫／2006年

大事なのは、自分で考えたことに従う勇気

文月 JUL. 7月 8日

人からもらった
幸福とちがって、
自分で作る幸福は
決して人を欺かない。

決断

自分 人生

砂糖を口の中で溶かすと、何もしなくても美味しさを感じられる。しかしその美味しさは、「幸福の味がするだけの快楽」にすぎず、「本当の幸福」ではない。確かに快楽は人から与えられることがあるが、幸福は違う。幸福は、自ら学び、手足を動かし、「自分でつくる」ことでしか完成されないものである。

アラン『幸福論』石川湧 訳
角川ソフィア文庫／2011年★

幸福は「自分でつくる」ことでしか完成されない

文月 JUL. 7月 9日

自分の本性にしたがわないようにしていると、したがうべき本性が自分のなかからなくなる。

自分

他者 自由

自分の好みよりも、世間の好みや慣習を優先していると、次第に自分の好きなものがわからなくなってしまう。強い願望や素朴な喜びもなくなっていき、しまいには自分自身と呼べるものが何なのかわからなくなってしまう。ミルは、個性が発展すればするほど、個々の単位で活力が生まれ、社会全体も活気づいていくと考えた。

ミル『自由論』斉藤悦則 訳
光文社古典新訳文庫／2012年

自分が好きなものをしっかり持とう

文月 JUL. 7月10日

「他者のために」とか
「自分のためにではなく」
という感情には、
必要以上に多くの魅力が
あり、甘美《かんび》なものがある。

自分

他者 欲望

「相手のために」という感情には、多くの魅力がある。「自分は利己的な人間ではなく、人のことを思いやることができる人間だ」。そう思うことで、自尊心を満たすことができる。聴き心地のいい意見というものは、気に入りやすいものだ。だからこそ、心地よい言葉に対しては、用心する必要がある。

ニーチェ『善悪の彼岸』
中山元訳
光文社古典新訳文庫／2009年

聴き心地のよい意見は、気に入りやすいものだ

文月 JUL. 7月 11日

消耗と再生の循環のバランスを崩してしまうものは（…）基本的な幸福感を台無しにしてしまうのである。

人生

自分 仕事

消耗と再生は、消費と再生産と捉えてもいいだろう。たとえば、お金を消費したあとに、労働によって再生産しないと、お金は尽き、生活は困窮してしまう。逆に、巨万の富を手に入れたとしても、それを消費しなければさらに稼ごう、よりよいものを生み出そうという再生産の意欲は生まれない。アレント曰く、消耗する苦しみと再生の喜びが循環し続けることで、幸福は永続的なものになるのである。

ハンナ・アレント
『人間の条件』志水速雄 訳
ちくま学芸文庫／1994年

消耗する苦しみと再生の喜びとの循環が、幸福の条件

文月 JUL. 7月 12日

享楽というものは、
もともと享楽の中に
あるのではなく、
享楽に際してえられる
観念の中にある。

自分

他者 欲望

「召使いに、一杯の水を持ってこいと頼む。気を利《き》かせた召使いは、水ではなく美味しいお酒を一杯持ってきた。もしそんなことがあれば、私は召使いを解雇するであろう」――キルケゴールはこうも書いている。つまり、お酒は心地よさをもたらすこともあるが、その本質ではない。心地よさの本質は、自分の思い通りに物事が運ぶことにある。彼はそう考えたのだ。

セーレン・キルケゴール
『美しき人生観』
飯島宗享 訳
未知谷／2000年

心地よさの本質は、思い通りに物事が運ぶことにある

文月 JUL. 7月13日

われわれが苦しむのは
土地の欠陥のせいではなく、
われわれ自身の
欠陥のせいだという事実を
知らねばならない。

自分

人生 憂鬱

苦労にしても快楽にしても、私たちは長くは耐えられない。どのようなことでも飽きはやってくるのだ。そして飽きに耐えられなくなったとき、人は自分自身から逃げ出したくなる。新しい場所へ行くことで、自分自身を紛らわそうとする。けれども、退屈を感じるのは環境のせいではない。飽きやすい、という自分自身の欠陥によるものなのだ。

セネカ『生の短さについて 他二篇』大西英文 訳
岩波文庫／２０１０年

人はたいてい飽き性だ

文月 JUL.

7月14日

不機嫌というものは、
結果であると同じ程度に
原因である。

憂鬱

決断 自分

嫌なことがあると、結果として不機嫌になる。しかし、不機嫌は単なる結果で終わらずに、新たな嫌なことを引き起こす原因へと変わる。たとえば、ネガティブなことばかり考えて常にイライラしていたら、他人とのあいだに無益な争いを生んでしまうだろう。不機嫌を次の不幸に連鎖させてはいけない。この連鎖を断ち切るためには、どこかでまず、不機嫌を断ち切る必要がある。

アラン『幸福論』石川湧訳
角川ソフィア文庫／2011年☆

まず、不機嫌を断ち切ろう

文月 JUL. 7月15日

幸福とは気を紛らわすことである。

憂鬱

決断 自由

人は、毎日どんどんと死に近づいている。どれだけ使命に燃え、熱狂していることがあったとしても、死を迎えたらそれもすべて「無」になってしまう。そう考えると、人生は虚しいものなのかもしれない。けれども、そうした虚しさにばかり目を向けず、気を紛らわすこともときには必要だ。幸福でいることは、気を紛らわし続けることとも言える。

パスカル『パンセ』
前田陽一・由木康 訳
中公文庫／1973年★

虚しさにばかり目を向けず、ときには気を紛らわそう

文月 JUL.

7月16日

哲学の本質は真理を所有することではなくて、真理を探究することであります。

人生

自由　仕事

哲学はギリシャ語で「philosophia（フィロソフィア）」という。知（sophia）を愛する（philo）という意味である。そして哲学の意義は、答えを出したり、仮説を証明したりすることにはない。証明することよりも、答えを目指すその過程にこそ価値があると考えるのだ。哲学は、思考の実験なのである。

ヤスパース『哲学入門』草薙正夫訳
新潮文庫／1954年

◎◎◎◎◎◎◎◎◎◎◎◎◎◎◎◎◎◎

答えを目指すその過程にこそ価値がある

文月 JUL. 7月17日

外部からの満足を求めることは、衰弱した人間が野菜汁《コンソメ》や薬剤などで健康と体力をつけようとするのと同じである。

決断
自分
欲望

自分の内面ではなく、贅沢品や社交上の地位に頼って満足感を得ようとする人がいる。しかし、それは基礎体力をつけずに、サプリや怪しい健康器具に頼って健康になろうとすることと変わらない。満足の重心を、自らの内部ではなく、外部に持ってはいけない。それが失われたとき、すべてが崩れ去る恐れがあるからだ。確かな重心は、内部にこそ持つ必要がある。

ショーペンハウアー
『幸福について――人生論』
橋本文夫 訳
新潮文庫／1958年★

満足の重心は、内部にこそ持つ必要がある

文月 JUL. 7月 18日

恥辱や弱さを
プライドや信仰に転化する、
打ちひしがれた
魂の錬金術ほど
魅惑的なものはない。

自分

他者

欲望

恥辱に気づかれないようにプライドを与え、不条理を認められない弱さに信仰を差し出す。ホッファーはこの他にも、悪意や残忍《ざんにん》さを、愛や天国へ行けるという理想に転化する魂の錬金術もある、と指摘している。金集めのために夢を売り、夢を欲しがる人は惜しげもなく対価を払う。平和のために、犠牲者が出る。あらゆる魂の錬金術が、世の中には転がっている。

エリック・ホッファー
『魂の錬金術』中本義彦 訳
作品社／2003年

あらゆる魂の錬金術が世の中には転がっている

文月 JUL. 7月19日

不幸だったり不満だったりするのは、むずかしくない。人が自分を楽しませてくれるのを待っている王子様のように、坐《すわ》っていればよい。

自分

仕事 憂鬱

幸福になるよりも、不幸になるほうが簡単だ。たとえば、ひとところにただ座り、動かず、「幸福がやってこない！」と叫んでいればすぐに不幸になれる。座り方にもよるだろう。電車での長旅を「座ってばかりでつらい、退屈だ」と捉えるか、「車窓から見える景色をたっぷり楽しめる」と捉えるか。心がまえひとつで、同じひとつの出来事が、幸福にも不幸にもなるのである。

アラン『幸福論』石川湧 訳
角川ソフィア文庫／2011年

同じひとつの出来事が、幸福にも不幸にもなる

文月 JUL. 7月20日

成功と幸福とを、不成功と不幸とを同一視するようになって以来、人間は真の幸福が何であるかを理解し得なくなった。

人生

欲望 他者

成功は量的なものであるが、幸福は質的なものである。つまり、成功が一般的な尺度で測ることができるのに対し、幸福は個人的な尺度でしか測ることができない。しかし、私たちはこれを忘れて他人の幸福を嫉妬してしまうことがある。それは憐れむべきことだ。他人の成功を妬んだとしても、他人の幸福まで妬むべきではないだろう。

三木清『人生論ノート』
新潮文庫／1978年

成功は量的なものであるが、幸福は質的なものである

文月 JUL. 7月21日

真の欲望がなければ真の快楽はないのだ。

欲望

決断 仕事

自分が本当に欲しているものでなければ、外部からどんな刺激が入ってこようとも、心からの快楽は味わえない。「空腹は最高のソースである」という西洋のことわざがあるが、お腹がすいていないときにおいしいお肉を出されたとしても、あまり感動できないものだ。人生において真の快楽や幸福を手にしたいのであれば、まず強く欲さなくてはならない。

ショーペンハウアー
『幸福について――人生論』
橋本文夫訳
新潮文庫／1958年☆

空腹は最高のソースである

文月 JUL. 7月22日

疲れには多くの種類がある。
そのうちのあるものは、
幸福にとって
ほかの疲れよりもはるかに
深刻なじゃまになる。

憂鬱

仕事 恋愛

肉体の疲れは、適度であれば幸福感をもたらしてくれる。深い眠りは健全な食欲をもたらしてくれるからだ。けれども神経の疲れは、幸福の妨げになる。神経の疲れは「心配事」からくることが多い。悩みがちな人は、必要以上に考えすぎないよう、意識的に精神を訓練するのがいいだろう。

B.ラッセル『ラッセル幸福論』安藤貞雄 訳
岩波文庫／1991年

肉体ではなく神経の疲れが、幸福の妨げになる

文月 JUL. 7月23日

自分は妙薬《みょうやく》をもっていると称する詐欺師は多い。

自分

他者
恋愛

ヴォルテールは『哲学書簡』で、パスカルが『パンセ』に書いた言葉を引いた。なぜ、詐欺師の口車に乗る者があとを絶たないのか？　それは、実際に効果のある薬が、この世に存在しているからだ。偽りの啓示や奇跡を信じる者は、本当にあった奇跡に対する信頼を、偽物にそそいでいるにすぎない。こうした勘違いは、彼らが識別眼を持っていないために起こる。それは不幸なことだ。

ヴォルテール『哲学書簡』
斉藤悦則 訳
光文社古典新訳文庫／2017年

信頼を、偽物の奇跡にそそぐことのないように

文月 JUL. 7月24日

高き人間を作るのは、高き感覚の強度ではなく、持続である。

自分

決断 憂鬱

感性の強さを過信しすぎてはいけない。秀でた感性よりも、いかにその感性を持ち続けられるかが大切である。ニーチェは自信作であった『ツァラトゥストラ』を刊行したが、思ったよりも反応がないことに落胆した。そこで書かれたのが『善悪の彼岸』である。ニーチェによるとこの作品は、『ツァラトゥストラ』で伝えたかったことを、よりバージョンアップして挑んだ作品である。

ニーチェ『善悪の彼岸』
中山元 訳
光文社古典新訳文庫／2009年

感性の強さを過信してはいけない

文月 JUL. 7月25日

人生を暗くする親切、悲しみである親切がある。愉快な友情を示すことだ。信頼は素晴らしい霊水《れいすい》である。

他者
人生
孤独

病気で床に伏している友人のお見舞いに行って、「かわいそうに」といった憐れみの言葉をかければ、相手の心に余計な悲しみをそそいでしまう。だからといって、「元気を出せ！」と気合を入れるような励ましにも無理がある。こういうとき、憐れみから励ましの言葉を探すのではなく、自分たちのあいだには確かな絆がある、どんなときも見捨てたりしない、と友情をただ示すことが相手の励みになる。

アラン『幸福論』石川湧 訳
角川ソフィア文庫／2011年★

友情をただ示すことが相手の励みになる

文月 JUL. 7月26日

われわれは、よいことよりも悪いことを一般化しがちである。

自分

欲望 恋愛

人には、一般化して物事を認識してしまう癖がある。あなたと違う環境にいる人からすると、あなたの「一般的な考え」は「一般的な考え」でないこともあるし、あなたが思う「普通」を「普通」と思えない人もいるだろう。そして私たちは、この「一般化」によってときに自らを苦しめる。「どうせまたこうなる」という発想は、未来までをも一般化してしまう不幸な発想と言えるだろう。

エリック・ホッファー
『魂の錬金術』中本義彦 訳
作品社／2003年

未来まで一般化してしまうのは不幸な発想

文月 JUL.

7月27日

幸せな者の世界は、
不幸せな者の世界とは
別の世界である。

人生

自由
孤独

事実として起こっていることは変わらない。けれどもその事実をどのようなものとして捉えるかは、幸せな者と不幸せな者で大きく違ってくる。物事には陰《いん》と陽《よう》があり、そのどちらに目を向ける傾向があるかは人によって異なるのだ。「晴れの日」というひとつの事実をとっても、「日差しが強くて日焼けしそう」「洗濯日和《びより》だ」など、さまざまな尺度でその事実を解釈できるだろう。

ヴィトゲンシュタイン『論理哲学論考』丘沢静也 訳
光文社古典新訳文庫／２０１４年

事実はさまざまな尺度で解釈できる

自分の商売や
出世のためなら、
誰でも大いに努力する。
しかし、自分の家で
幸福になるためには、
何もしないのが普通である。

人生

自分　恋愛

たいていの人は、ビジネスで成功するための努力を惜しまない。けれどもビジネスと同じように、パートナーや家族との関係を良くするために努力を惜しまない、という発想ができる人は少ない。家庭では、何もせずに幸せでいられることが理想とされるが、そう簡単な話ではない。「親しき仲にも礼儀あり」と言われるが、幸福な家庭を実現するには、まさに礼を尽くす必要がある。

アラン『幸福論』石川湧訳
角川ソフィア文庫／2011年

家庭でこそ、礼を尽くす必要がある

文月 JUL. 7月29日

個別的にはどれも笑わせない似ている二つの顔も、いっしょになると、その相似によって笑わせる。

自分
他者
仕事

単体で見るとおもしろくも何ともない顔でも、似た顔がふたつ並ぶと、意味もなくおもしろく感じてしまう。また私たちは、ものまね芸や絵画のオマージュ作品のように、本物に似せる技術に対して感心することがある。「似ている」ということが、ときに人を楽しませることもあるのだ。

パスカル『パンセ』
前田陽一・由木康 訳
中公文庫／1973年

本物に似せる技術は、ときに人を楽しませる

文月 JUL. 7月30日

アリストテレースは人生の財産を三つの部類に分けた。——外的な財宝、心の財宝、肉体の財宝がこれである。

人生

自分 欲望

金銭的な資産、健全な心、健やかな肉体。「財宝」と聞くと、金銭や土地など外的な資産ばかり思い浮かべたくなるが、心も体もそのひとつである。ショーペンハウアーは「三つの財宝」のように、人の運命にも「三つの区別」があり、「人格」「金銭などの所有物」「社会的立場」が幸福に深く絡んでくるとした。そして、どれだけ幸福を受け取れるかは、「人格」の器の大きさ次第である。

ショーペンハウアー
『幸福について——人生論』
橋本文夫訳
新潮文庫／1958年

幸福を受け取れるかは、「人格」の器の大きさ次第

文月 JUL. 7月31日

わが家の窓の下で
咲いているバラは、
過去のバラや、
もっと美しいバラを
気にかけたりはしない。

人生
自由
孤独

バラは、他のバラがどのように咲いているかも、過去にどのように咲いていたのかも、気にしない。ただ咲いているだけである。ひるがえって、多くの人は臆病なので、自分の意見を述べるときも、周りの顔色をうかがい、過去の発言とズレがないかと一貫性を気にしてしまう。バラのあり方に学ぶことは多い。バラは時間を超越し、いま、あるがままに集中している。

ラルフ・ウォルドー・エマソン『自己信頼［新訳］』伊東奈美子 訳
海と月社／2009年

「いま」に集中せよ。バラのあり方に学ぶことは多い

8月

自由

何をするか。何をしないか。

AUGUST

葉月 AUG. 8月 1日

人間は、屋根裏だろうが何だろうが、あらゆる職業に自然に向いている。向かないのは部屋の中にじっとしていることだけ。

パスカル『パンセ』
前田陽一・由木康 訳
中公文庫／1973年

仕事
決断
欲望

パスカルは、仕事上の苦労に対してぶつぶつ愚痴を言っている人がいたら、何もさせないようにすればいい、と書いている。部屋の中で何もせず、静かにじっとしているという状態に、長く耐えられる人はいない。仕事を取り上げられ、何もやることがないほうがよっぽどつらい思いをする。パスカルはそのことを知っていた。

何もやることがないほうが、よっぽどつらい

葉月
AUG.

8月 2日

どんなときでも、
生きる意味が
あるかどうかは、
その人の自由選択に
ゆだねられています。

決断

自分 人生

人生には、この瞬間を意味あるものにするのか、しないのかという二択しかない。それは自分で選択しなければいけない。起こった出来事が悲惨だったとき、その経験を意味あるものにするのか、しないのか。心が折れそうな出来事が起こったとき、意味あるものにするのか、しないのか。人生は最後の息を引き取る瞬間まで、意味あるものに形づくることができる。自分の選択次第で。

V・E・フランクル『それでも人生にイエスと言う』山田邦男・松田美佳 訳
春秋社／1993年

この瞬間を意味あるものにするのか、しないのか

葉月 AUG. 8月 3日

天才は、彗星《すいせい》のようなものである。

孤独

自分 決断

天才は類稀なる才能を持つため、周囲の目には「時代という惑星軌道」から外れた、エキセントリックな動きをする、何とも異様な存在に映る。それゆえに、天才の素質が幸せな生涯の妨げになることもおおいにある。しかし、こう考えると、常に時代の潮流にぴったりと寄り添い、何の批判もされない才能やアイデアは、何とも平凡なものと言えるだろう。

ショーペンハウアー
『幸福について――人生論』
橋本文夫 訳
新潮文庫／1958年★

何の批判もされない才能やアイデアは、何とも平凡だ

葉月
AUG.

8月 4日

個性的な人間ほど嫉妬的でない。個性を離れて幸福は存在しない。

自分

幸福 欲望

なぜ個性を大切にする必要があるのか？　他人との比較では、幸福かどうかは決まらない、ということを知ることができるからである。「嫉妬」はそもそも、「個性」とは無縁の量的な成功に向けられる。たとえばそれは、大金を持っているとか、社会的に承認された地位を持っているとか、そういう類のものだ。しかし本質的な幸福や成功は、個人に根ざしたものである。嫉妬はその感覚を狂わせる。

三木清『人生論ノート』
新潮文庫／1978年☆

本質的な幸福や成功は、個人に根ざしたものである

葉月 AUG. 8月 5日

人間とは、実に奇怪な
代物ではないか。
彼は自分が持っている
自由は少しも使わないで、
自分が持っていない
自由を始終望んでいる。

自分
欲望
仕事

隣の芝は青く見える。人は、自分が持っている自由を最大限活用しようとするどころか、ときに自分に自由があることすら忘れて、他人の自由をうらやましく思ってしまう。これは、自分の所有する車を乗りこなさずに、他人の持つ船をうらやみ続けるようなものである。まずは、手もとの自由にしっかりと目を向けてみることだ。もしかすると自分の持つ自由も、他人にうらやまれているかもしれない。

セーレン・キルケゴール
『美しき人生観』
飯島宗享 訳
未知谷／2000年

あなたの持っている「自由」は何か？

葉月
AUG.

8月 6日

何がよくて、何が悪いのか。それは、まだ誰も知らないのだ。

時間

人生 幸福

何が「善い」ことで、何が「悪い」ことかはわからない。戦時中は「善い」とされていたことでも、現代では「悪い」とされる常識など、多々ある。「善悪」の基準は時代によって左右されるのだ。古い慣習に従うことだけが「善」ではない。私たちは、常に「善悪」の意味を問い、意味を創造し続けることができる。

ニーチェ
『ツァラトゥストラ（下）』
丘沢静也 訳
光文社古典新訳文庫／2011年

常に「善悪」の意味を問い、意味を創造し続ける

葉月 AUG. 8月 7日

衝動に左右されて、知的判断をもっていない人は、自由の幻想をもっているにすぎない。

欲望

決断 自分

衝動に身をまかせて闇雲に逃げ惑っても、袋小路に迷い込んだり、高所から墜落したりしてしまうなら、逃げ出した意味がない。気まぐれや気分のムラから他者を避けるのは、一時的には楽かもしれないが、結果を見れば得るものより失うもののほうが多いのではないか。一度、立ち止まって考えてみよう。即時的な衝動があなたを縛り、自分で自分を苦しめることがあるのだから。

ジョン・デューイ
『経験と教育』市村尚久訳
講談社学術文庫／2004年★

衝動に惑わされず、一度、立ち止まって考える

葉月 AUG.

8月 8日

天才は、自由という雰囲気のなかでしか自由に呼吸できないのだ。

孤独

幸福 仕事

天才の条件に「個性的」であることがあげられる。そして、個性的でない人が、いろいろな性格の型に自分を当てはめ、個性を見出そうとすることがあるが、天才がこれをやるとほぼ間違いなく弊害が生じる。天才は個性的であるがゆえに、型に押し込められることに向かないからだ。天才を育てたいのであれば、必要なのは自由な土壌《どじょう》である。

ミル『自由論』斉藤悦則 訳
光文社古典新訳文庫／2012年

天才に必要なのは自由な土壌

葉月 AUG. 8月 9日

人間的な知性の自由は（…）
懐疑のうちにある。
自由人といわれる者で
懐疑的でなかった
ような人を私は知らない。

自分

孤独 憂鬱

当たり前とされていることを一度疑って、自分なりに考えてみることが「哲学する」ということである。「こういうときは○○すべき」という思い込みや常識を妄信《もうしん》せず、疑ってかかることで、さまざまなしがらみから自由になれる。「哲学する」ことは「自由になる」ことなのだ。

三木清『人生論ノート』
新潮文庫／1978年

「哲学する」ことは「自由になる」こと

苦痛と失敗は行為者を不幸にすることはできても、行為者の機能をみずから掌握している行為者をはずかしめることはできない。

シモーヌ・ヴェイユ
『自由と社会的抑圧』
冨原眞弓 訳
岩波文庫／2005年

決断
幸福
仕事

失敗によって、結果的に不幸になったとする。しかし、結果的に失敗したとしても、何らかの意図があって挑戦した人の自尊心を傷つけることはできない。失敗するかもしれないと思いながらもあえて挑戦した人が持つ誇りは、結果によって傷つくようなやわなものではないのだ。

自ら挑戦した人の自尊心を傷つけることはできない

自由の名に値する唯一の自由は、他人の幸福を奪ったり、幸福を求める他人の努力を妨害しないかぎりにおいて、自分自身の幸福を自分なりの方法で追求する自由である。

自分

他者 幸福

自由とは、好き勝手に、傍若無人《ぼうじゃくぶじん》に振る舞うことではない。人に迷惑をかけない限り、どんな結果でも引き受ける覚悟で行動する。これが自由の前提である。バカなことやアブノーマルなこと、間違っていることであっても、他人を妨害したりしない限りにおいて自由に行動できることこそ「自由」の名に値する。ミルはそう考えた。

ミル『自由論』斉藤悦則 訳
光文社古典新訳文庫／2012年

どんな結果でも引き受ける覚悟で行動する

人間は自由の刑に処せられている。

決断

自分
孤独

何でも選べるという自由は、「選んだあとの責任は自分で取らなければいけない」という自己責任と表裏一体だ。選んだ時点で責任は発生する。そして、その責任をすべて自分で取らなければいけないのであれば、自由は気楽なものではなく、一種の「刑罰」とも言える。サルトルは自由についてそのように考えた。あなたは、何を選ぶ？

J-P・サルトル『実存主義とは何か』伊吹武彦他 訳
人文書院／1996年☆

選んだ時点で責任は発生する

完全な休息のうちにあり、情念もなく、仕事もなく、気ばらしもなく、集中することもなしでいるほど堪えがたいことはない。

孤独

人生 時間

何もすることがない、完全な休息状態というのは、意外と疲れるものである。完全な休息状態でいると、次第に虚無感や孤独感、無力感などが湧いてくる。そして最終的には休息状態にあるにもかかわらず、倦怠《けんたい》感に襲われることになる。予定がまったくない、完全にフリーな状況は避けたほうがいい。

パスカル『パンセ』
前田陽一・由木康 訳
中公文庫／1973年

完全な休息状態というのは、意外と疲れる

葉月 AUG. 8月14日

自分を無視できるように
なることが必要です。
たくさんのものを
見るためです。

自分

他者　仕事

「自分」の好きなもの、「自分」のこだわり、「自分」にとって聞き心地のいい言葉。「自分」にばかり焦点を当てている人からは、他のものに目をやり、新しいものとふれ合う機会が失われていく。また、「自分」の心の声ばかり聞いている人の耳に、他人の声は入ってこない。世界にはたくさんの可能性がある。見落とさないためには、ときとして、自分を「無視」できるようになることが必要だ。

ニーチェ
『ツァラトゥストラ（下）』
丘沢静也 訳
光文社古典新訳文庫／2011年

自分の辞書にないものを否定しない

葉月
AUG.
8月15日

「生きる意味があるか」と問うのは、はじめから誤っているのです。つまり、私たちは、生きる意味を問うてはならないのです。

決断
人生 幸福

私たちはよく、人生に対して「生きる意味はあるか?」と問う。しかしフランクルは、これを間違った態度だと諭す。フランクル曰く、問われているのは「私たち」である。人生こそが「きみは、私(人生)に何を期待するか?」と問うているのだ。この先、何が起こるかは誰にもわからない。私たちにできるのは、人生からの問いかけに対し、最善を尽くすことのみだ。「私たちは問われている存在なのです」。

V・E・フランクル『それでも人生にイエスと言う』
山田邦男・松田美佳 訳
春秋社/1993年

人生からの問いかけに対し、最善を尽くす

葉月 AUG. 8月16日

不安は自由の眩《め》暈《まい》である。

憂鬱

決断 欲望

「自由である」とは、可能性にあふれている、ということだ。可能性にあふれている、と言えば聞こえはいい。しかし、可能性にあふれているとは、不確かで未知である、ということでもある。つまりそれは、保証がない状態だ。そして保証がないときに、不安は湧き上がる。不安はまさに、自由が引き起こした「眩暈」なのだ。

キェルケゴール
『不安の概念』斎藤信治 訳
岩波文庫／1951年

保証がないとき、人は不安に目がくらむ

葉月 AUG.

8月17日

人間の場合もそうだが、
政治や哲学の理論の場合も、
人気がないときは
目立たなかった
間違いや欠陥でも、
勢力が増すと表面化する。

ミル『自由論』斉藤悦則 訳
光文社古典新訳文庫／２０１２年

他者

孤独 仕事

注目されていないときは明るみに出なかった問題も、注目されることによって掘り起こされることがある。注目を浴びるということは、あら探しをされるということでもあり、大勢の人の監視下に自分をさらす行為でもあるのだ。注目されることにともなう代償は、見落とされがちである。

注目されることの代償は、あら探しをされることにある

葉月 AUG.

8月 18日

不確実なものが確実なものの基礎である。

人生

幸福 自分

哲学者は不確実なもののために書き、思考する。「不確実」なものが出発点だったとしても、それがきっかけとなり、「書く」「思考する」といった確実な行動へと結びつくのだ。人生もそうではないだろうか。夢、未来、希望……これらは不確実なものと言えるだろう。

三木清『人生論ノート』
新潮文庫／1978年

哲学者は不確実なもののために書き、思考する

葉月 AUG.

8月19日

少しは暮らしに困って、
あまり平らな道を
歩かないほうがよい。
王様たちが思いのままだと
すれば気のどくなものだ。

幸福

欲望 自分

富には2種類ある。「すべてが手に入った」と満足させ、私たちに「あぐらをかかせる」ような富は、退屈も連れてくる。しかし、計画を立てたり仕事を要求したりすることで、私たちを「駆り立てる」ような富は、心を喜ばせる。退屈へと変色する富より、自分が夢中になれるような富を追い求めよう。

アラン『幸福論』石川湧 訳
角川ソフィア文庫／2011年

退屈な富と、夢中になれる富の2種類がある

葉月 AUG.

8月20日

自分の感性や性格にそぐわない動機で行動したりすると（…）自分の感性や性格は熱く高揚《こうよう》するどころか、鈍くなり沈み込むのが落ちだ。

ミル『自由論』斉藤悦則 訳
光文社古典新訳文庫／２０１２年

自分

仕事 恋愛

自分に合わないことはしないほうがいい。人から与えられた方法論を、しっくりこないままに妄信し、自分の性格にそぐわないことをしていても、長続きさせるのは難しい上に、どんどん気分も落ち込むものである。万人に当てはまる方法論などは存在しない。自分に合うものかどうかを見極める必要がある。選択肢は無数にある。

万人に当てはまる方法論などは存在しない

葉月 AUG.

8月21日

遊びによって人は（…）自己抑制の教訓に耳を傾けるようになる。

人生

幸福 欲望

ゲームや試合などの「遊び」は、基本的に「勝利」を目指すのが前提だが、その中で思いがけない「敗北」を味わう経験にもなる。ルールに従うこと、チームメイトを信頼することはもちろん、敗因の分析、次の勝利にこだわる努力や意思……。私たちは、「遊び」を通してさまざまなことを学ぶことができる。ときには思い切って、気の向くままに遊ぶのもよい。

ロジェ・カイヨワ『遊びと人間』多田道太郎・塚崎幹夫 訳 講談社学術文庫／1990年

思い切って遊ぶことで、学べることがある

私が望むものは、富でも権力でもなくして可能性の情熱である。（…）享楽は欺くが、可能性は欺かない。

人生

幸福 欲望

「若さ」を維持するということは、「未来に対する可能性」を見つめ続けることに等しい。その場の楽しさではなく、未来の可能性にこそ情熱を燃やそう。その情熱こそが、日々を輝かせてくれる。逆に、可能性への情熱が不足すると、他人事にばかり興味がいきやすくなるため注意が必要だ。

セーレン・キルケゴール
『美しき人生観』
飯島宗享 訳
未知谷／2000年

未来への情熱が不足すると、他人事にばかり興味がいく

葉月 AUG.

8月23日

人は自分の美徳ゆえに
罰せられることが
もっとも多いものだ。

決断

自分 人生

美徳を守り抜くことは一種の「戦い」である。哲学の父ソクラテスは、物事を一方的に断ずるのではなく、「哲学対話」によって若者を啓蒙した。しかし、その言動が権力者をいらだたせ、「若者を堕落《だらく》させる」という罪で、死刑に追いやられることとなる。謝罪も可能だったが、彼は自分の教えを確信していた。美徳を貫き、死を選んだのだ。

ニーチェ『善悪の彼岸』
中山元 訳
光文社古典新訳文庫／2009年

美徳を貫き、ソクラテスは死を選んだ

葉月
AUG.
8月24日

本当は欲しくないものを
与えられずに
感情を害することが、
何と多いことか！

欲望
憂鬱
恋愛

自分だけが損している。あの人がうらやましい。私たちは、よくよく考えると「心から欲しい」わけではないのに、それが手に入らず、気分を害されることがある。たいして欲しくないものでも、それが自分の手に入らないとわかった瞬間に、なぜか口惜しく感じるのだ。だがこれは、わざわざ自分で自分を苦しめているにすぎない。

エリック・ホッファー
『魂の錬金術』中本義彦 訳
作品社／2003年

手に入らないとわかった瞬間に、なぜか口惜しく感じる

葉月 AUG.

8月25日

一個の人間でありたいなら、社会に迎合《げいごう》してはならない。

自分

人生 欲望

社会や組織においては、「順応性」が美徳とされることが多い。創造性・独創性よりも、習慣や前例に従うことが「善し」とされるからだ。しかし、これは名目を重んじる態度で、本質的ではない。従順であることを「悪」だとは言わないが、もし私たちが一個の人間として強くありたいのなら、自分を信頼することだ。「自己信頼」を貫くべし。

ラルフ・ウォルドー・エマソン『自己信頼［新訳］』伊東奈美子 訳
海と月社／2009年

いかなるときも「自己信頼」を貫こう

葉月 AUG.

8月26日

運命について不平を言えば、不幸を増すばかりで笑いの希望をすっかり取り上げられてしまう。

自分

人生 憂鬱

運命について不平不満を言うことは、自分で自分を攻撃すること、とも言える。それは、自分がみじめになるばかりか、自分を不幸だと思い込むことで心身にストレスをかける行為でもあるからだ。不満を言いたくなったら、まずはもっと、自分に対して親切になることを優先して考えよう。

アラン『幸福論』石川湧 訳
角川ソフィア文庫／2011年☆

愚痴は自分自身への攻撃である

葉月 AUG.

8月27日

社交を求めるのも、異郷《いきょう》に赴いたり旅に出たりするのも、内面の空虚と倦怠とに駆られるためである。

自分

他者　孤独

人は何のために社交するのか。それは他人を好ましく思うからではなく、孤独を恐れているからである。孤独の中で自分自身に耐えられなくなると、人は社交的になる。なぜなら自分自身に耐えるよりも、他人に耐えるほうが楽だからだ。悲観主義（世の中は苦しいものだという立場を取る考え方）の、ショーペンハウアーならではの意見だろう。

ショーペンハウアー
『幸福について――人生論』
橋本文夫訳
新潮文庫／1958年

自分に耐えられなくなると、人は社交の場にくり出す

葉月
AUG.

8月28日

旅において出会うのはつねに自分自身である。

自分

人生
幸福

日常から解放され、見慣れない景色を眺めることで新しい発見がある。旅は人を詩的にさせる。哲学用語に「観想《かんそう》（テオーリア）」というものがある。アリストテレスが用いた言葉で、「理性的に眺める」という意味である。三木清は、人生は旅そのものであり、旅で観想的になることによって新しい発見があると言う。旅は、知っているつもりでいた世界を一新するきっかけともなる。

三木清『人生論ノート』
新潮文庫／1978年

知っているつもりでいた世界を一新するきっかけが旅

葉月 AUG.

8月29日

私の言語の限界は、私の世界の限界を意味する。

人生

仕事 幸福

言葉で理解できる範囲を超えたことは考えることができない。私たちの見えている世界と言葉の関係性について言及するのが言語哲学である。ソシュールによると、語彙《ごい》によって世界の見え方は変わる。「赤ワイン」という言葉しか知らない人と、「メルロー」などぶどうの品種を表す言葉を知っている人とでは、同じボトルを見ても見える世界が違ってくる。言葉を知ることで、世界をより緻密に理解できる。

ヴィトゲンシュタイン『論理哲学論考』丘沢静也 訳
光文社古典新訳文庫／２０１４年

言葉を知ることで、世界をより緻密に理解できる

葉月 AUG.

8月30日

哲学に関しては、即座にそれに参加して、ともに談ずることができる。

人生 仕事 他者

科学の話をするには事前の知識がいる。数学の話をするときも、同じように事前の知識がいるだろう。しかし哲学は、事前に知識がなくとも、すぐに「愛とは何か？」「生きるとは何か？」について話し合うことができる。準備がなくとも、誰もが即座に、自由に「哲学する」ことができるのだ。

ヤスパース『哲学入門』
草薙正夫 訳
新潮文庫／1954年☆

誰もが即座に「哲学する」ことができる

葉月 AUG.

8月31日

多くの者たちに惑わされることなく、自分が正道《せいどう》を行っていると信じることである。

自分

他者

人生

人のアドバイスに耳を傾けることは大切だ。しかし、それと同じくらい自分の進む道が「正道」であると信じることも大切である。正しい道を確信しているのに、その周辺でうろうろしている人たちに惑わされ、あなたまで蛇行《だこう》してやる必要はない。どこに進んだとしても、最終的な責任の所在はあなたにある。他人の意見を聞き入れても、他人が責任を取ってくれるわけではないのだ。

セネカ『生の短さについて 他二篇』大西英文訳 岩波文庫／2010年★

他人のために、あなたまで蛇行してやる必要はない

9月

欲望

悩みの種は、エネルギーの種。

SEPTEMBER

長月 SEP. 9月 1日

才能は自らの機会を作り出すと言われる。しかし、激しい欲望が機会のみならず、才能を作り出すこともあるようだ。

決断

仕事 人生

激しい欲望は、現状への執着心を捨て去るためのエンジンになる。何かを手に入れたいと強く欲することによって、現状を変えることにためらいがなくなるからだ。「思う」と「願う」と「欲する」とでは大きく違う。「欲する」というのは、変化を恐れない覚悟のことでもある。

エリック・ホッファー
『魂の錬金術』中本義彦 訳
作品社／2003年

「思う」と「願う」と「欲する」とでは大きく違う

長月 SEP. 9月 2日

人間はほんとうに大事に思うものについては寛容になれないのが自然である。

自分

仕事 恋愛

表面的には寛容のポーズをとっていたとしても、本当に自分が大切なことに対しては、寛容になれないものである。信仰や思想など、心のコアに根差すものに対しては、どうしても譲れないという気持ちが湧きやすい。純粋に大事に思うものほど、譲れない気持ちはより一層ガンコなものになる。不寛容は、大切に思う気持ちの裏返しであることもあるのだ。

ミル『自由論』斉藤悦則 訳
光文社古典新訳文庫／2012年☆

◎◎◎◎◎◎◎◎◎◎◎◎◎◎◎◎◎◎◎◎◎◎◎◎◎

どうしても譲れないという気持ちは人をガンコにする

勇気とは、あえて危険をおかす能力であり、苦痛や失望をも受け入れる覚悟である。

決断

自分 自由

どんなことが起ころうとも、受け入れる覚悟があってこそ「信念」は成り立つ。信念を持つには勇気がいる。殻にこもり、自分を守ることばかり考えていては、信念を行動に移すことはできない。安全と安定を優先させてしまうと、結果として自分の持っているものにしがみつくことになり、身動きが取れなくなってしまうのだ。欲するならば、リスクをとろう。

エーリッヒ・フロム
『新訳版 愛するということ』
鈴木晶 訳
紀伊國屋書店／1991年

安全と安定よりも、あえてリスクをとる

長月
SEP.
9月 4日

**興奮は、
少なすぎれば
病的な渇望《かつぼう》を生む
かもしれないし、
多すぎれば
疲労を生むだろう。**

人生
仕事
恋愛

一定量の興奮は、体にいいものである。しかし、一定量を超えた興奮は人を疲れさせる。興奮は加減が難しい。興奮ばかり欲しがる人は、辛《から》い食べものに依存している状態に近く、もはや何を口にしても味などわからない。それでも、刺激欲しさに食べたくなってしまうのだ。

B.ラッセル『ラッセル幸福論』安藤貞雄 訳
岩波文庫／1991年★

興奮には中毒性がある

長月 SEP.

9月 5日

人は毎日食べたり眠ったりすることには退屈しない。なぜなら、空腹はまた生まれるし、眠気もそうだからだ。

自分

幸福 自由

「欲望と苦悩はふりこのようなものである」、というショーペンハウアーの言葉がある。欲望も、満たされてしまえば退屈になる。そして退屈は苦悩に変わり、そこから脱却するためにまた新たな欲望が湧く。人生は欲望と苦悩（退屈）のあいだを行ったり来たりするものなのだ。精神的な「飢《う》え」を持つことで、退屈はしのげる。

パスカル『パンセ』
前田陽一・由木康 訳
中公文庫／1973年

精神的な「飢え」を持つことで、退屈はしのげる

長月 SEP. 9月 6日

人は行動したいのであって、服従したいのではない。

自由

決断 仕事

強制労働を好む者はいない。一方、強制ではなく自ら進んでやりたいと思った仕事にありつけるのは、快楽であり、幸福でもある。強制的に挑まされた戦いで得た勝利よりも、自分が欲した困難な戦いの末につかみとった勝利に、人は喜びを感じるものだ。それは、自らの力の証明という大きな快楽につながる。

アラン『幸福論』石川湧訳
角川ソフィア文庫／2011年

自ら進んでやる仕事ほど楽しいものはない

長月 SEP. 9月 7日

われわれは心を柔軟にし、予定したことに過度に執着し過ぎないようにしなければならない。

自由

人生 他者

「これこそが正解である！」「これ以外はあり得ない！」とひとつの答えに執着しすぎることは、心の平静を奪い去ってしまう。予定したことに執着しすぎると、偶然というものに対応できなくもなる。ある程度の軽薄さを持つことで、心の平静さが保たれることもあるのだ。偶然こそ、おおいに楽しもう。

セネカ『生の短さについて 他二篇』大西英文 訳 岩波文庫／2010年☆

偶然こそ、おおいに楽しもう

長月 SEP. 9月 8日

たんなる愛着においては、
愛するものよりも
つねに自分を選び、
逆に献身においては、
自分自身よりも、
愛するものを選ぶ。

デカルト『情念論』
谷川多佳子 訳
岩波文庫／2008年☆

自分 他者 恋愛

愛する者の優先順位が自分よりも低い場合、それは「愛着」である。相手と自分とが同等な場合は「友愛」。そして、自分よりも愛する者の優先順位が高い場合は「献身」である。一概に「愛している」と思っていても、そこにはレベルや段階、内容の違いがある。自分と相手を比較したときに、どちらを優先するか、また相手との関係に何を望んでいるかで、愛のあり方は区別される。

愛のあり方は3つに区別される

長月 SEP. 9月 9日

いざ
跳躍しようとするとき、
足場を気にする者は
誰もいない。

決断

人生 仕事

何かに挑戦するとき不安はつきものだが、「何があっても絶対にやり遂げる」という圧倒的な意志があれば、不安は足止めにならない。リスクから言い訳が生まれることもない。逆に言えば、いま挑戦したいと思っていることがあるのに、できない言い訳ばかりが頭に浮かんで行動できないのであれば、それは本当にやりたいこととは言えないのである。成功を手にする者は、安全性を気にしない。

エリック・ホッファー
『魂の錬金術』中本義彦 訳
作品社／2003年

成功を手にする者は、安全性を気にしない

長月 SEP.

9月10日

仮に誰も死なないものとする。そうすれば、俺だけは死んでみせるぞといって死を企《くわだ》てる者がきっと出てくるに違いない。

人生

他者 憂鬱

虚栄心は人間らしいものである。三木清が言うように、誰も死なないような世界であれば、自分の度胸を見せつけるために、「俺だけは死んでやる」という見栄を張る者がきっと出てくるに違いない。このような逆張り根性や虚栄心が、世の中にはあふれている。

三木清『人生論ノート』
新潮文庫／1978年☆

見栄っ張りが、世の中にはたくさんいる

長月 SEP. 9月 11日

小心者は、自分が欲していないことを行なうものである。

自分

他者 幸福

「質素」が美徳とされることがあるが、質素な生活を送っている人がみな、欲深くないとは限らない。本当は欲深いのに、小心者だから自分の欲を抑えつけて生きることを選んでいるだけ、という場合もある。質素な生活に心から満足しているのであればいい。しかし不満を隠し、欲望を抑制している状態であるならば、その「質素」は美徳とは言えないはずだ。

スピノザ『エティカ』
工藤喜作・斎藤博 訳
中公クラシックス／2007年

質素な人が、欲深くないとは限らない

長月 SEP. 9月 12日

いつでもどこでも起こらなかったことだけは、けっして古くなることはない。

人生 恋愛 時間

これは、ショーペンハウアーが『存在と苦悩』の中で引用した、詩人シラーの言葉である。実際に起こった出来事は、時とともに古くなっていく。けれども起こらなかった出来事というのは、古くなることがない。古くなることがないものは色あせにくい。過去に関する「たられば」の可能性は、実際に起こった出来事よりも、色あせることなく記憶にとどまるものだ。

ショーペンハウアー
『存在と苦悩《新装復刊》』
金森誠也 訳
白水社／1995年

「たられば」の可能性は色あせない

愛されるには、そして
愛するには、勇気が必要だ。
（…）これがいちばん
大事なものだと判断し、
思い切ってジャンプし、
その価値にすべてを
賭ける勇気である。

決断
他者 恋愛

損得勘定や駆け引きは愛に必要ない。自分が相手を愛することで、相手の心にも愛が芽生えるかもしれない。何の保証もないことに対し、身も心もゆだねる行為こそが愛だ。保険をかけて好意を小出しにしたり、駆け引きで相手の気を引こうとしたりしているのであれば、「相手を愛したい」という気持ちよりも、「自分が愛されたい」という欲望が前面に出た、エゴイスティックな状態にあると言える。

エーリッヒ・フロム
『新訳版 愛するということ』
鈴木晶 訳
紀伊國屋書店／1991年

損得勘定や駆け引きは愛に必要ない

長月 SEP. 9月14日

被害妄想はいつも、おのれの美点をあまりに誇大視するところに原因がある。

憂鬱

恋愛 仕事

自分はこんなにすばらしい人間だ！ なのに、思ったよりも活躍できていない。不当な扱いを受けている……。「被害妄想」がふくらんでいるとき、その原因の多くは、自分で自分を過大評価していることにある。そういうときは、あえて自分に都合の悪い仮説を立ててみよう。冷静に自己分析するのが賢明だ。

B.ラッセル『ラッセル幸福論』安藤貞雄 訳
岩波文庫／1991年

あえて自分に都合の悪い仮説を立ててみる

長月 SEP.

9月15日

気前のよさを
売り物にしているうちに、
いつしかあなたは
自由に使える財力を
なくしてしまう。

仕事

自分
他者

気前よく振る舞うことによって他人から慕われようとする人は、あとあと大きな困難に見舞われやすい。どれだけ身銭《みぜに》を切って大盤振る舞いしたとしても、無理が出てくれば、人から蔑《さげす》まれたり、強欲な人にたかられたり、いらぬ恨みを買ったりしやすくなる。軽蔑も怨恨《えんこん》も、リーダーにとっては避けるべき事態なのだ。

マキャベリ『新訳　君主論』
池田廉 訳
中公文庫／1995年

軽蔑も怨恨も、リーダーにとっては避けるべき事態

長月 SEP.

9月16日

諸々の事柄に関心を奪われて散漫になった精神は、何事も心の深くには受け入れられず、いわばむりやり口に押し込まれた食べ物のように吐き戻してしまう。

人生
仕事
時間

多忙な怠惰、せわしない惰性。注意力が散漫になると、よくわからない忙しさが心を襲い、何事にも集中しにくくなる。そうなると人は、無理やり口に食べものをつめ込まれたような状態に陥り、何も受け入れることができなくなる。口内をすっきりさせればすらすらと言葉が出せるように、頭の中もすっきりさせたほうがいい。何かに忙殺《ぼうさつ》されている内は、何事も成し遂げられないのである。

セネカ『生の短さについて 他二篇』大西英文 訳
岩波文庫／2010年☆

忙殺されている内は、何事も成し遂げられない

長月 SEP. 9月17日

自分自身の盲目的な
欲望のとりこになった者も
また奴隷である。

JOHN DEWEY

自分
他者
幸福

古代ギリシャの哲学者プラトンは、「他人の目的を実行させられている人」を「奴隷」だと定義した。デューイはそこからさらに話を発展させ、「他人の目的」だけでなく「自分自身の盲目的な欲望のとりこ」になっている者もまた「奴隷」だと述べている。他人の意見だけではなく、突発的に生じる自分の欲望や感情にも、振り回されないよう注意しよう。

ジョン・デューイ
『経験と教育』市村尚久 訳
講談社学術文庫／2004年

自分の欲望に振り回されないように注意する

長月 SEP. 9月18日

困ったことに、最も入手しやすく、見た目には最も魅力的な快楽は、たいてい、神経をすりへらすたぐいである。

B.ラッセル『ラッセル幸福論』安藤貞雄 訳
岩波文庫／1991年

憂鬱

自分 仕事

仕事をしているあいだに情熱を感じられない人が、夜間や休日の自分だけの時間に手っ取り早い快楽を求めた結果、ずるずると疲労のスパイラルに入り込んでしまうことがある。疲労の種は、「休みたい」と思う瞬間よりも、「刺激が欲しい」と思う瞬間にこそひそんでいる。手っ取り早く手に入る快楽や興奮は確かに魅力的だが、せいぜい神経を消耗させない範囲で楽しむのがいいだろう。

手っ取り早い快楽は、疲労のスパイラルの入り口となる

長月 SEP.

9月 19日

ほとんどの人は、
愛を成り立たせるのは
対象であって能力ではない
と思いこんでいる。

エーリッヒ・フロム
『新訳版 愛するということ』
鈴木晶訳
紀伊國屋書店／１９９１年

自分
恋愛
幸福

「絵を描く技術を練習したことはないが、描きたいものが見つかったら見事に描いてみせる」という者に、すばらしい絵が描けるだろうか。おそらく描けない。しかし、人は愛の話になると、この話と似たようなことを言い出す。愛する技術を学ぼうとはせずに、好みの相手が見つかれば正しく愛せると思い込んでいるのだ。しかし、つけ焼き刃の愛はただの「欲望」でしかない。

◎◎◎◎◎◎◎◎◎◎◎◎◎◎◎◎◎◎◎◎◎◎◎◎

好みの相手が見つかれば正しく愛せるというのは幻想だ

長月 SEP.

9月20日

求めているのは、対象そのものを楽しむことではなく、忘却なのだ。

自分

憂鬱 自由

酒を、飲むために飲むのではなく、酔うために飲むことが、私たちにはある。同じように、私たちが過剰に情熱を燃やしているときは、情熱の対象そのものを楽しむためではなく、見たくない何かを忘れるために熱狂している場合があるのだ。

B.ラッセル『ラッセル幸福論』安藤貞雄 訳
岩波文庫／1991年

見たくない何かを忘れるために熱狂している場合もある

長月 SEP. 9月21日

引越しまぎわになると(…)
家具はまだ家の外に出て
いないのに、もう別な
住居が好きになっている。
これまでの住居は
忘れられてしまった。

人生
幸福
時間

ひとたび、習慣がなくなってしまえば、人はすぐ忘れてしまうものだ。引っ越すことが決まれば、いま住んでいる家よりも、新しい家のほうを気に入るように、習慣が断ち切られてしまえば、それに執着することは難しい。人はかくも忘れやすい生きものである。逆に言えば、何かを忘れたいと欲するのなら、習慣を変えてみることが最善の方法と言えるのではないか。

アラン『幸福論』石川湧 訳
角川ソフィア文庫／2011年

何かを忘れたいと思うなら、習慣を変えてみる

長月 SEP. 9月22日

質素にも限度がある。

決断

自由

孤独

極端な質素を求める気持ちは、一種の執着だ。過度に贅沢を求める人が贅沢でありたいという欲に振り回されるように、過度に質素を求める場合も、質素でありたいという欲に生活が振り回されてしまう。質素であればあるだけ、高尚《こうしょう》というわけではないのだ。断捨離《だんしゃり》とは単なる質素の追求ではなく、執着を捨て去ることを指す。

エピクロス『教説と手紙』
出隆・岩崎允胤 訳
岩波文庫／1959年☆

質素を追求するのではなく、執着を捨て去る

過度の欲望は、自分が無価値であるという意識を抑えるための一手段なのである。

幸福 仕事 恋愛

あれさえ手に入れば、自分は幸せになれるのに。あれさえうまくいけば、自分は成功できるのに。このように、不満を抱くということは、自分自身に非があることを認めずにすむ逃避の手段でもある。これは、自分自身が無価値なわけではなく、外部にこそ何かしらの原因があると思い込むための手段であって、それがなければ私たちは無価値さに絶望してしまうだろう。過度の欲求は自信のなさの表れだ。

エリック・ホッファー
『魂の錬金術』中本義彦 訳
作品社／2003年

ないものねだりは自信のなさの表れ

長月 SEP. 9月24日

憐れみというものは
いつも嫉妬を
やわらげるものである。

他者

仕事
憂鬱

何の困難や危険もなく名誉や功績を手にした人を見ると、人は嫉妬せずにはいられない。しかし、それが苦労や危険を乗り越えて手に入れた名誉であった場合は、嫉妬心を持たれにくくなる。なぜなら、後者には「憐れみ」が含まれるからである。名誉を手にした場合、その実績だけでなく、ときには苦悩の経験談も一緒に語るほうが、不要な敵をつくらなくてすむ。

ベーコン『随筆集』
成田成寿 訳
中公クラシックス／2014年

実績だけでなく、苦悩の経験談も一緒に語る

長月 SEP.

9月25日

美が大きければ大きいほど、
汚す行為も
深いものになってゆく。

自分
他者
恋愛

　エロティシズムとは、禁忌《きんき》（タブー）を侵犯《しんぱん》したいと思う欲望である。エロティシズムの本質は、「汚したい！」という無意識の衝動でもあるので、汚すのはもったいない、と思ってしまうほど過剰な美しさを目の前にすると、その分、欲動も過剰なものになっていくのだ。

バタイユ『エロティシズム』
酒井健 訳
ちくま学芸文庫／2004年

エロスとは「汚したい！」と思う無意識の衝動

長月 SEP. 9月26日

欲求を作り出すのは、習慣である。

決断

自分 恋愛

毎日甘いものを食べている人は、習慣的に、甘いものが食べたいという欲求が湧きやすい。人にちやほやされ慣れている人は、ちょっとしたことで人にちやほやされたいという欲求が湧いてくる。欲求というのは、習慣として根づいたものから生まれる。欲求を断ち切るには、まず習慣を断ち切るための努力が必要だ。

アラン『幸福論』石川湧訳
角川ソフィア文庫／2011年

欲求を断ち切りたければ、まず習慣を断ち切る

長月 SEP. 9月27日

嘘をついているのだなと
疑惑を感じたら、
信じているふりをせよ。
そうすれば相手は
大胆になってますます
嘘をつき、ついに
化《ば》けの皮が剥《は》げるものだ。

他者 仕事 恋愛

相手が嘘をついているかもしれないと感じたら、あなたならどうするか。ショーペンハウアーは、信じ込んだふりをしてみることだ、と助言する。こちらが信じたふりをすれば、相手は油断してどんどん饒舌になる。その内、隠したがっていることをぽろっと口にしてしまう。そこで「いま言ったことは信じられない」と一言。すると、ムキになった相手は、ついに真相を語ってしまうのである。

ショーペンハウアー
『幸福について――人生論』
橋本文夫訳
新潮文庫／1958年

信じ込んだふりをして、嘘をあばく

長月 SEP.

9月28日

大きい犠牲のほうが小さい犠牲よりも好まれる。

自分

決断 幸福

ある人にとっては、大きな犠牲を払うほうが、格好がつくものだ。小さな犠牲はただの損だが、大きな犠牲はのちの武勇伝となり得る。また、「私はあえて大きな犠牲を選んだ」と自分を讃えることによって、自尊心を高めることもできるだろう。大きな犠牲は、ある種の勲章《くんしょう》なのかもしれない。

フリードリッヒ・ニーチェ
『人間的、あまりに人間的 I』池尾健一 訳
ちくま学芸文庫／1994年☆

「大きな犠牲」は、ある人にとっては勲章のようなもの

長月 SEP.

9月29日

文明人は馬車をつくったが、同時に足を使うことを忘れた。杖《つえ》で身体を支える代わりに、筋肉の支えをすっかり失った。

時間

幸福 仕事

便利になる、というのは一長一短である。自動車を使えば楽に長距離を移動できるが、自分の足で歩く機会が減る。ネットを使えば手軽に物事を調べることができるが、現場に行って調べるほどの貪欲《どんよく》さは失われるかもしれない。世の中が便利になるとき、新たに提供される価値の裏で失われる価値もある。それに対して自覚的でいることだ。

ラルフ・ウォルドー・エマソン『自己信頼［新訳］』
伊東奈美子 訳
海と月社／2009年

新たに提供される価値の裏で、失われる価値もある

長月 SEP.

9月30日

成功しても何の喜びも感じないようになってはじめて、ほんのわずかな落胆から教訓を得ることができる。

人生

仕事 時間

成功するのが喜ばしいと思っている限り、私たちはどれだけ失敗を繰り返しても、成功を求めて挑戦し続けることができる。では、いざ成功を手にし、しかも成功に慣れてしまって、成功が当然になったとしたらどうか。次は、失敗や落胆から学ぶことができるようになるだろう。失敗の経験をただの汚点として片づけてしまうのは、もったいないことだ。

エリック・ホッファー
『魂の錬金術』中本義彦 訳
作品社／2003年

成功が当然になったら、今度は失敗から学べる

10月

恋愛

喜びが胸に満ちあふれ、心は乱れる。

OCTOBER

神無月 OCT. 10月 1日

恋というのは一種の狂気である。

欲望

自分 他者

恋には狂気が含まれている。恋には、相手の幸せを願っているようでいて、実はさみしがっていることを望む、エゴイスティックな感情が含まれることもあるからだ。たとえば「君の好きにしていいよ」と言いつつも、自分がその判断に介入しないと機嫌を損ねることもあるだろう。恋にとどまる限り、自分にも快楽が生まれないと、人は納得できないのである。

プラトン『パイドロス』
藤沢令夫訳
岩波文庫／1967年★

恋には、相手がさみしがることを望むエゴが含まれる

偽りの愛の一種で、よく見受けられるのが偶像崇拝《ぐうぞうすうはい》的な愛である。

欲望
自分
他者

小説ではよく「理想の相手」との「運命的な出会い」が描かれる。そして多くの人がこうした恋愛に憧れる。しかしフロムは、このような恋愛の形は偽りで、「偶像崇拝的」なものだと説く。「理想の相手」との燃え上がるような恋もけっこうだが、たいていその熱は時とともに冷めていき、また別の「偶像」を探すことになる。本当の愛を手にしたければ、「偶像」に惑わされないことだ。

エーリッヒ・フロム
『新訳版 愛するということ』
鈴木晶 訳
紀伊國屋書店／1991年

本当の愛が欲しいなら「偶像」に惑わされないことだ

神無月 OCT. 10月 3日

幸福は、たいていの男女にとって、神の贈り物であるよりも、むしろ、達成されるものでなければならない。

幸福

他者 時間

カップルが幸福になるためには、ぼんやりと幸福の果実が落ちてくるのを待つのではなく、自ら収穫にいく努力をしなければならない。幸福は神の贈り物ではない。お互いに家の中で仲よく努めるのはもちろん、適度に外に出て働くことも必要だろう。また、家の中で円満に過ごすための努力には、譲歩やあきらめも多少含まれる。4度結婚したラッセルならではの、結婚生活における幸福論だ。

B.ラッセル『ラッセル幸福論』安藤貞雄 訳
岩波文庫／1991年

男女間の幸福にも、努力が必要だ

振られたときは、過去のよい思い出ではなく相手が老いたときの生活を想像し、喧嘩《けんか》したときのことを思い出し、自分の有頂天を差し引いてみることだ。

孤独

他者 決断

人は失恋を経験したとき、よかった思い出や相手のよかったところばかりを思い浮かべては、美化しがちである。失恋の痛みを消したいと思うなら、相手とケンカしたときの嫌な思い出や、相手から言われた理不尽な言葉を思い出すといい。また、相手が年老いたときの姿を想像して、高ぶった恋心をクールダウンするのも手だ。

アラン『幸福論』石川湧 訳
角川ソフィア文庫／2011年★

劣化した失恋相手の姿をイメージして、恋心を冷ます

一人の乙女に忠実であれ……君はそれを悔いるだろう。彼女に不実であれ……君は、それをも悔いるだろう。

決断

幸福 欲望

快楽によって日々を満たそうとする。そのような生き方をする限り、真の満足は得られない。快楽に囚われている状況で「あれか、これか」を選んでも、結局は虚しさだけが残るという絶望がある。キルケゴールはこういった快楽や欲望を追い求める生き方を「美的実存の段階」と名づけた。

セーレン・キルケゴール
『美しき人生観』
飯島宗享 訳
未知谷／2000年

欲望を満たしても、虚しさだけが残るという絶望がある

神無月 OCT. 10月 6日

愛情は想像力によって量られる。

幸福

憂鬱 孤独

どれくらい相手から愛されているか。それを正確に量る術はない。私たちにできるのは、想像することのみだ。動物にはなく、人間にのみ備わっているのは「理性」と「想像力」である。愛を想像力で推し量ろうとする行為は、その意味で極めて人間らしいものと言える。

三木清『人生論ノート』
新潮文庫／1978年

私たちにできるのは、想像することのみだ

神無月 OCT. 10月 7日

もし人が例えばたった一つの恋愛小説しか読まなかったとすれば（…）同種の他の多くのものを読まない限りにおいて、最もよくこれを記憶するであろう。

人生 憂鬱 時間

「ちょっとあなた、それ私のことじゃないよね。誰と間違えているの!?」。多くの似たような記憶が自分の頭の中にあると、こんがらがってよくわからない状態になってしまいやすい。記憶は、とても曖昧だ。飛び抜けて変わった思い出でもない限り、その他の記憶と混ざり合ってしまう。過去の強烈な恋愛経験を塗り変えられるのは、新しい別の強烈な恋愛経験である。

スピノザ『知性改善論』
畠中尚志 訳
岩波文庫／1931年

強烈な、別の似た体験によって記憶を塗り変える

神無月 OCT. 10月 8日

過去を醜悪《しゅうあく》に描く
想像力を訓練しておくと、
叶わなかった願いに
苦しむことがすくない。

憂鬱

幸福 孤独

叶わなかった出来事を思い出し、「あのとき、うまくいってさえいれば……」と想いを馳《は》せることがある。ひとつの可能性によって自分の歯車が狂ってしまったように考えるのは、一種の誇大妄想だ。こうした妄想に足を引っ張られ、前進できないようにならないために必要なのは、過去を美化しすぎないことである。

フリードリッヒ・ニーチェ
『人間的、あまりに人間的 Ｉ』池尾健一訳
ちくま学芸文庫／１９９４年

過去を美化しすぎるから、後悔に苦しむ

神無月 OCT. 10月 9日

正直に、真剣に考えてみてください。（…）苦しみ悩んだ出来事、「苦悩の体験」の出来事のすべてがなかったらよかったと思うかと。

人生

憂鬱 幸福

つらい恋愛を振り返り、「こんなことなら好きにならなければよかった」という決まり文句を心に浮かべることがある。そんなときこそ真剣に考えてみてほしい。本当にその経験が抹消《まっしょう》されたほうがいいのかどうか、と。この問いに対するフランクルの答えは、もちろん「ノー」だ。いまはどれだけつらい恋愛でも、あとになって感謝できるような思い出に変わることもある。

V・E・フランクル『それでも人生にイエスと言う』山田邦男・松田美佳 訳
春秋社／1993年

抹消されたほうがいいと思う経験は、意外と少ない

神無月 OCT. 10月 10日

激しい情熱の持ち主は、たいてい思いやりに欠ける人である。

他者

幸福 欲望

人を思いやる気持ちというのは、バランスの取れた精神の中でこそ湧き上がってくる、静かな心の声のようなものである。激しい情熱を燃やしている人は、自分の心の声が大きくなっているので、他人を思いやる、静かな心の声を聞き取ることができない。他人に対して情熱的な人ほど、思いやりに欠けるということは多々ある。

エリック・ホッファー
『魂の錬金術』中本義彦 訳
作品社／2003年

他人を思いやることは、静かな心の声に耳を傾けること

神無月 OCT. 10月 11日

愛する《アマーレ》というのは、
欠乏を補うためでも
実益を求めるためでもなく、
ただ愛する《アマーレ》ものを
大切にする《ディーリゲレ》ことに
他ならない。

他者

人生 孤独

友情も愛情も、その本質は相手をただ大切にすることにある。それが自分の不足部分を補うための関係であったり、自分にとって有益な何かを期待するような関係であったりしてはならない。有益かどうかだけで成り立つ関係は何とも虚しい。まず、相手を大切に思うことだ。もしかしたらその中で、自然と実益がもたらされることもあるかもしれない。だがもちろん、もたらされなくてもそれでいい。

キケロー『友情について』
中務哲郎 訳
岩波文庫／２００４年

有益かどうかだけで成り立つ関係は何とも虚しい

神無月 OCT. 10月 12日

恋愛や結婚や交際において
幸福と不幸を決定する
ひとつの最も重要な要素は、
各自の健康における
極めて個性的なものである。

自分

幸福 自由

恋愛や結婚において、万人に当てはまる「幸せの条件」は存在しない。心地よさを感じるつき合い方も距離感も、人それぞれである。けれども人は、世間一般に定義される「幸せの条件」から少しでもずれた瞬間に、自分は不幸だと感じてしまうものだ。周囲の定義を採用する必要はない。自分にとって心地よいと思える水準を設定し、幸せを追求すればよい。

三木清『人生論ノート』
新潮文庫／1978年

他人の幸せが、あなたの幸せとは限らない

神無月 OCT. 10月 13日

与えることは犠牲を払うことだから美徳である、と考えている人もいる。そうした人たちに言わせると、与えることは苦痛だからこそ与えなければならないのだ。

エーリッヒ・フロム
『新訳版 愛するということ』
鈴木晶 訳
紀伊國屋書店／1991年

自分　他者　欲望

「相手に何かを与えること」を、「自分が犠牲を払うこと」だと思い込んでいる人がいる。しかし、人に与えることで、「犠牲」どころかむしろ、「自分が満たされること」がある。「自分を犠牲にしてでも相手に与えること」を美徳だと思う人は、自己犠牲の精神を神聖化しているにすぎない。彼らは相手のためではなく、「苦痛に耐える自分」のかわいさゆえに与えるのである。

自分のために、自己犠牲の精神を神聖化する人がいる

神無月 OCT. 10月 14日

動物は、しばしば情熱的な機械のように見える。

自由

欲望 他者

「動物的」という言葉と「機械的」という言葉は、しばしば逆の意味で使われるが、動物もよくよく考えれば情熱的な機械のように見えなくもない。であれば「人間的」という言葉は、動物よりは「理性的」で機械よりは「情熱的」というニュアンスを含んだものなのではないか。私たちは、ときに盲目的なまでに熱を上げ、一方で急に冷静になることがある。

エリック・ホッファー
『魂の錬金術』中本義彦 訳
作品社／2003年

人間は動物よりは「理性的」で、機械よりは「情熱的」

神無月 OCT. 10月 15日

ある種の経験は、ある個人の熟練を特定の方向に伸ばすかもしれないが（…）凝り固まった言動をとる傾向に陥りやすくすることにもなる。

仕事

人生 自由

経験こそがすべてだ、とは断言しがたい。なぜなら人は、経験に縛られると、自分の経験が「一般的」であると錯覚してしまうことがあるからだ。経験至上主義は、思考停止や視野狭窄《きょうさく》を招くことがある。くれぐれも、限られた経験によって、その後の可能性を狭めることのないように。

ジョン・デューイ
『経験と教育』市村尚久 訳
講談社学術文庫／２００４年

経験ばかりを重視すると、思考は止まり、視野も狭まる

神無月 OCT. 10月 16日

ばらばらに見える行為も、
自然に正直に
行われたものなら、
なんらかの共通点を
持っているものだ。

人生

他者 自分

ジグザグに進んでいる船であっても、視点を変えて高い位置から航路《こうろ》を見わたせば、ざっくりとは同じ方向に進んでいるものである。行動が「正直さ」から発せられる限り、細部に違いはあれど、根本には共通する何かがあるものだ。この人の言動はバラバラでよくわからないと思ったときは、ひとつひとつの行動ではなく、大枠に着目するといい。

ラルフ・ウォルドー・エマソン『自己信頼［新訳］』
伊東奈美子 訳
海と月社／2009年

ひとつひとつの行動ではなく、大枠に着目する

神無月 OCT. 10月 17日

性の快楽は、破滅的な浪費にたいへん近い。

欲望

自分 他者

理性的に行動するとき、私たちは知識や財産などあらゆるものを蓄えようと思い働く。だが、性の衝動に関してはまったく反対の作用が起こる。すべてを消費し尽くそうと働き出すのだ。性の衝動はエネルギーを放出したいという欲求でもある。そういった意味でバタイユは、性の快楽への衝動は「小さな死」と呼ぶにふさわしいと考えた。なお、『エロティシズム』は男性目線の本であることに留意すべきだろう。

バタイユ『エロティシズム』
酒井健 訳
ちくま学芸文庫／2004年☆

性欲は、すべてを消費し尽くそうと働き出す

ペルソナとは（…）個人と社会の間に結ばれた一種の妥協である。

自分　他者　仕事

肩書き、職業……私たちは、さまざまなペルソナ（仮面）をつけて社会と関わっている。ペルソナは、本来の自分が持つ個性ではなく、社会生活を営む中でつくり出される現実の姿である。自分自身が求める理想像と、周囲の求める理想像との妥協点がペルソナなので、相手のペルソナを愛したとしても、その人自身を愛したとは言い難い。それは現実だけど「実在しないもの」とも言える。

C.G.ユング『自我と無意識』松代洋一・渡辺学 訳
レグルス文庫／1995年

◎◎◎◎◎◎◎◎◎◎◎◎◎◎◎◎◎◎◎◎◎◎

ペルソナは社会生活を営む中でつくられる現実の姿

神無月 OCT. 10月 19日

社会的に「強い男」は、しばしば「私生活」では、自分自身の感情の状態に対して子供である。

仕事
欲望
他者

社会的に見て立派なペルソナ（仮面）をつけ、聖人君子を演じている人は、プライベートでは怒りっぽくなりやすい。立派なペルソナと一体化することで、立派ではないその他のわずらわしいものを、すべて周囲やパートナーに押しつけてしまいやすくなるのだろう。立派なペルソナをつけることは、自分を取り巻く外部の世界を無条件で肯定し、服従することとも言える。

C.G.ユング『自我と無意識』松代洋一・渡辺学 訳 レグルス文庫／1995年☆

デキる男ほど、プライベートでは子どもっぽい

神無月 OCT. 10月20日

見たり交際したり同棲したりすることを遠ざければ、恋の情熱は解消される。

時間

孤独 欲望

近づいているからこそ、恋の情熱は燃えさかる。しかし、物理的に遠く離れてしまえば、その恋に夢中でい続けることは一気に難しくなる。「我々を恋愛から救うのは理性よりも多忙である」。芥《あくた》川《がわ》龍之介の箴言《しんげん》集『侏儒《しゅじゅ》の言葉』にも似た一文がある。恋の悩みから立ち直るためには、多忙を極めてみるのがいい。

エピクロス『教説と手紙』
出隆・岩崎允胤 訳
岩波文庫／1959年

多忙を極めると案外、恋わずらいは治る

神無月 OCT. 10月 21日

喧嘩には、確かにいくらか
賭博《とばく》的なところがある。
喧嘩をつくるのは倦怠だ。

時間
他者
仕事

ケンカはスパイス代わりに使われることがある。ケンカをふっかけてくる人は暇なのだ。心配事で胸がいっぱいだったり、仕事で忙しかったりするときに、わざわざ人にケンカをふっかけようとは思わない。人から理不尽なケンカをふっかけられたときは、「この人は暇なんだな」と思えばいい。

アラン『幸福論』石川湧訳
角川ソフィア文庫／2011年

ケンカをふっかけてくる人は暇なのだ

神無月 OCT.

10月22日

性的に引かれ合う二人は、ほんのつかのま、合一の幻想を抱くが（…）幻想から覚めたとき、二人は自分たちが他人であることをいままで以上に痛感する。

他者

自分
欲望

性的に惹かれ合った二人も、一夜の情熱的な愛にならひたれる。しかし朝がきて愛の幻想が醒《さ》めたとき、彼らは自分たちがいかに遠い存在かを痛感する。肉体が近づいたところで、心の距離が縮まるわけではないからだ。恋人という役割を演じている内は二人でひとつのような幻想を抱けても、人間として向かい合わない限り、離れ離れのままで近づくことはできない。

エーリッヒ・フロム
『新訳版 愛するということ』
鈴木晶訳
紀伊國屋書店／1991年☆

体を重ねても、人間としての心の距離は縮まらない

神無月 OCT. 10月23日

恋愛の最初の時期よりも美しいものは決してない。(…)相寄るごとに、一目見るごとに、新たな歓喜をいだいて家へ帰るのだ。

時間 幸福 欲望

相手のことがまだよくわからず、自由に幻想を抱ける恋愛の最初期ほど甘美なものはない。恋に落ちたばかりのころはドラマチックな気分に酔いやすく、あとから考えると恥ずかしいような行動でもやすやすと取れてしまう。キルケゴールも、一目惚《ぼ》れした少女を待ち伏せし、アタックし続け何とか婚約までこぎつけた。まさにドラマチックな気分に酔いしれていたのだ(最終的には婚約を破棄したが)。

セーレン・キルケゴール
『美しき人生観』
飯島宗享 訳
未知谷/2000年

恋は、はじめの内がいちばん楽しい

神無月 OCT. 10月24日

うまし子を
恋うる者のおもいは
狼の仔《こ》羊《ひつじ》を
愛するに似たり

幸福

欲望　自分

恋する気持ちは、狼が美味しそうな子羊を想う気持ちに似ている。狼にとって子羊は食欲を満たすためのもの、いわば快楽の対象だ。恋をするというのは、相手のことを想うことによって、自分が気持ちよくなることである。また、気持ちよさをくれる相手だからこそ恋をしてしまうのである。そういう状態を乗り越えるために必要なのが、愛である。

プラトン『パイドロス』
藤沢令夫訳
岩波文庫／1967年

相手を想うことで、自分が気持ちよくなるのが恋

神無月 OCT. 10月25日

恋する人は、恋される人を
見て喜び、もう片方の
恋される人のほうは、
自分を恋する人から
世話をされて喜ぶのである。

他者
自分
欲望

恋愛においては、お互いが同じことを喜ぶわけではない。恋をしている人は、相手を見るだけで喜びを感じるが、恋をされているほうは、相手から世話を焼かれてはじめて喜ぶ、ということがある。しかし恋をするほうも、相手の容姿が劣化すれば、相手を見ても何の喜びも感じなくなり、次第に冷めてしまう、ということがあり得る。すれ違いのない恋など、ない。

アリストテレス
『ニコマコス倫理学（下）』
渡辺邦夫・立花幸司 訳
光文社古典新訳文庫／２０１６年

すれ違いのない恋など、ない

神無月 OCT. 10月26日

肉欲のために
あまりに尚早に愛が
育ってしまうことが多い。
こうした愛は根が弱いまま、
すぐに引き抜かれて
しまうのである。

他者

自分 欲望

体を重ねたことで、思いもよらぬ速さで愛が育つことがある。しかし、このスピード感の裏側にあるのは、相手を心から理解したいという真の愛情ではなく、相手と肉体関係を結びたいというむき出しの性欲だ。こうして育った愛は深く根をはれないので、もろい関係しか築けない場合が多い。

ニーチェ『善悪の彼岸』
中山元 訳
光文社古典新訳文庫／2009年

性欲が先走ると、愛はもろい関係になりやすい

神無月
OCT.
10月27日

武人は恋愛におぼれがちである。

欲望

仕事
自分

ベーコンは、武人ほど恋愛や酒に溺れやすいと説く。ここで言う武人を現代風に言うのなら、経営者や起業家、スポーツ選手、芸能人などが当てはまるかもしれない。彼らは世間にさらされるリスクが大きいほど、代償として快楽を求めやすくなる。ベーコンは「恋愛」の形態について、両想いであるか、どちらか一方が内心相手を軽蔑しているかのどちらかである、という不思議な法則も書き残している。

ベーコン『随筆集』
成田成寿 訳
中公クラシックス／2014年

◎◎◎◎◎◎◎◎◎◎◎◎◎◎◎◎◎◎◎◎

リスクの代償として快楽を求めやすくなる

神無月 OCT. 10月28日

想像力は魔術的なものである。ひとは自分の想像力で作り出したものに対して嫉妬する。

三木清『人生論ノート』
新潮文庫／1978年

嫉妬心というのは、想像力によって強められるものである。もしかすると、自分と会っていないときに、他の人と会っているかもしれない。他の人に言い寄られているかもしれない。嫉妬は、こうした自分の想像力がつくり出す悲劇である。三木清の言うように、「想像力は魔術的」であるがゆえに、自分自身で嫉妬の対象を招喚《しょうかん》することができるのだ。

自分

欲望　憂鬱

嫉妬は、自分の想像力がつくり出した悲劇

神無月 OCT. 10月29日

女が憎むということを覚えるのは、人を魅惑することを——忘れ始めるときだ。

他者

孤独 欲望

相手を魅了したいという気持ちが失われると、心に「憎しみ」の気持ちが湧き立ってくることがある。他方、愛想のいい振る舞いに相手への「憎悪」は含まれないが、そこには「こういう風に振る舞えばちやほやされるんでしょ？」という「軽蔑」の念が含まれる場合がある。女性に対してどこか辛辣な、ニーチェの洞察である。

ニーチェ『善悪の彼岸』
中山元訳
光文社古典新訳文庫／2009年

世間には「軽蔑」しながら誘惑してくる人もいる

神無月 OCT. 10月30日

愛は、日照りのあと、草や木が雨で生きかえるように、私たちの全存在がよみがえり、新たにされる一つの経験である。

幸福

他者 欲望

「愛のない性交」は、「快楽」がおさまったあとに「疲れ」と「嫌悪感」と「虚しさ」しか残らない。何度繰り返しても、である。ギャンブルも同じだ。その最中は高揚感に包まれるが、終われば自分でもいったい何が欲しかったのかわからない虚しさに襲われる。しかし、「愛」のある性交は違う。快楽がおさまったあとに残るのは、確かな「幸福感」である。

B.ラッセル『ラッセル幸福論』安藤貞雄 訳
岩波文庫／1991年

「愛」のある性交は、「愛」のない性交とは違う

神無月 OCT. 10月 31日

誰かを愛するというのはたんなる激しい感情ではない。それは決意であり、決断であり、約束である。

エーリッヒ・フロム
『新訳版 愛するということ』
鈴木晶 訳
紀伊國屋書店／1991年

決断

他者
幸福

愛という感情が、もし自然に発生する感情であるのなら、「永遠に愛します」という約束には何の根拠もなくなってしまう。愛というのは、自然や気まぐれに流されない決意であり、約束である。どのようなことがあっても相手のことを愛し続けると決断すること。これこそが愛の本質なのだ。

相手のことを愛し続けるという決断が、愛の本質

11月

孤独

自由の成果、自由の代償。

NOVEMBER

霜月 NOV. 11月 1日

偉大であることは、
誤解されることなのだ。

自分
他者
仕事

ソクラテスもピタゴラスもニュートンも、みんな誤解されてきた。独創性を発揮するということは、独創性のない凡人に評価されず、むしろ誤解されるということなのだ。偉大なことを成し遂げたいのなら、器の小さい者たちがあがめる常識ばかりを、気にしないことである。

ラルフ・ウォルドー・エマソン『自己信頼〔新訳〕』伊東奈美子 訳
海と月社／2009年

ソクラテスもニュートンも、みんな誤解されてきた

霜月 NOV. 11月 2日

悲しみというものは
毒のようなものだ。
毒を好むことはできるが、
それで気分が
よくなることはない。

憂鬱

幸福 他者

幸福になりたいならば、自分の不幸について他人に話さないことである。不幸話は毒だ。毒を好む人や、毒を楽しむ人もいるが、毒によって調子がよくなるということはない。毒は、調子をじわじわとむしばんでいくものである。

アラン『幸福論』石川湧 訳
角川ソフィア文庫／2011年★

自分の不幸について、他人に話さないことである

霜月 NOV. 11月 3日

感傷は私のウィーク・エンドである。

憂鬱

人生 自分

旅行中、ふと感傷的な気分になることはないだろうか。これは、日常と切り離された場所に足を運んでいるからである。逆に言うと、感傷があれば、私たちはあわただしい日常生活から精神的に抜け出すことができる。感傷はまさに心の休日なのだ。物理的な休日を取れないときは、せめて心をオフにしてみるといい。

三木清『人生論ノート』
新潮文庫／1978年

心は感傷によっていやされる

霜月 NOV. 11月 4日

孤独な生活とは、
一部の人びとにとって
他者からの逃避ではなく、
自己からの逃避である。

自分

他者
憂鬱

「一人でいるのが好きなんだ」という人がいる。その中には、「孤独な生活」を好むことで、自分自身から逃げようとしている人もしばしばいる。人や社会と関わることは、他人の目を通して自分を見つめることに等しい。これは避けられないことだ。自分自身を直視したくないのであれば、「孤独」に部屋に引きこもるしかない。それは確かに逃亡手段となるが、自分を見失うことでもある。

エリック・ホッファー
『魂の錬金術』中本義彦 訳
作品社／2003年

◎◎◎◎◎◎◎◎◎◎◎◎◎◎◎◎◎◎◎◎◎◎◎◎◎

孤独な生活は逃亡手段であり自分を見失うことでもある

霜月 NOV. 11月 5日

孤独を愛さないものは、自由をも愛していない。

自由

自分 幸福

孤独は自由の裏返しである。孤独でいられる人は、他者の意見に影響されることがないからだ。もちろん、これには大きな不安をともなうが、自分の自由を愛するならば、孤独も愛さなければならない。逆に言えば、孤独を愛せない人は、不自由を受け入れるしかないのである。

アルトゥール・ショーペンハウアー
『孤独と人生』金森誠也 訳
白水uブックス／2010年

孤独は自由の裏返しである

霜月 NOV. 11月 6日

隠れて、生きよ。

他者

自分 人生

目立つことや、人と関わりすぎることは、心の平静を保つ上で妨げとなる。目立たず一人で自分のペースを守り、粛々《しゅくしゅく》と生きていける力。エピクロスによればこの能力が大事で、一人でいるときに感じる穏やかな心の静けさこそが、真の快楽なのである。

エピクロス『教説と手紙』
出隆・岩崎允胤 訳
岩波文庫／1959年

自分のペースで、粛々と生きていける力を身につけよう

霜月 NOV. 11月 7日

一人でいられる
能力こそ、
愛する能力の
前提条件なのだ。

他者

恋愛 幸福

自立したくないという理由で誰かにすがりつくとしたら、その人はあなたにとって「命の恩人」にはなるかもしれない。しかし、その関係は対等ではなく、上下関係のある依存的なものとなってしまうだろう。私たちはまず自立する必要があり、そうしてはじめて誰かと対等な関係を結ぶことができる。それこそが、愛の前提条件なのだ。

エーリッヒ・フロム
『新訳版 愛するということ』
鈴木晶 訳
紀伊國屋書店／1991年

相手と対等な関係を結ぶことが、愛の前提条件

霜月 NOV. 11月 8日

孤独には美的な誘惑がある。孤独には味《あじわ》いがある。もし誰もが孤独を好むとしたら、この味いのためである。

人生

憂鬱　自由

「孤高の存在」という言葉に美しい響きがあるように、孤独には何とも言い難い魅力がある。孤独を愛するとき、そこには美しさへの憧れがあるのかもしれない。私たちが時折、孤独に酔いしれたくなるのも、孤独に深い味わいを感じるためであろう。孤独には寂しさだけではなく、人を惹きつける魅力があるのだ。

三木清『人生論ノート』
新潮文庫／1978年

孤独は美しく、人は美しさへの憧れを抱く

霜月 NOV. 11月 9日

週に一度しか
センチメンタルが
与えられなければ、
どんなに
望ましいことだろう。

憂鬱

人生 自分

かつてハンブルクでは、鮭《さけ》が大漁だったときに、「食べすぎると胃を痛めるから」という理由で、使用人には週に一度しか鮭を与えてはいけないという決まりができたらしい。キルケゴールはその様子を見ながら、自分にとっては味わい深く、しかし気を病む原因でもある「センチメンタル」も、週に一度しか与えられなかったらいいのに……とひとり黄昏《たそがれ》ていたようだ。

セーレン・キルケゴール
『美しき人生観』
飯島宗享 訳
未知谷／2000年★

センチメンタルは味わい深いが、気を病む原因でもある

霜月 NOV.

11月 10日

われわれの内面には、堕落への密かな渇望がある。

欲望

憂鬱 自分

誰しも心の中には「シャドー」が存在する、と言ったのは哲学者であり精神科医でもあったユングだ。心にひそむシャドーとは、「自分も他人も軽蔑する悪しき願望」である。他人を蹴落としたい、いっそ、破滅的な生活を送りたい。これらのシャドーが湧き上がってきたら、存在を否定するのではなく、暴走しないようにいったん受けとめることだ。まずは「シャドー」の存在を認めよう。

エリック・ホッファー
『魂の錬金術』中本義彦 訳
作品社／2003年

心の中のシャドー（悪）を認めよ

霜月 NOV. 11月 11日

自分の考えを信じること、
自分にとっての真実は、
すべての人にとっての
真実だと信じること——
それが天才である。

決断 自分 仕事

他人の顔色をうかがい、意見をすり寄せようとするのが凡人だとすれば、天才とは、自分が考えていることに他人も絶対に賛同するだろう、と信じ抜ける人である。天才にとって、自身の信念や行動原理に対していちばん信頼のおける批評家は、自分自身なのだ。

ラルフ・ウォルドー・エマソン『自己信頼［新訳］』伊東奈美子 訳 海と月社／2009年

天才は人の顔色をうかがわない

霜月 NOV.

11月12日

なぜ人は多数に従うのか。彼らがいっそう多くの道理を持っているからなのか、いな、いっそう多くの力を持っているからなのだ。

他者

仕事 自分

人が大勢の意見に従いやすいのはなぜか。大勢が正しい答えを持っているからではない。大勢であるという事実そのものに力があるからである。古くからの慣習や伝統に従うのも同じだ。みんなそれがすばらしいから従うのではなく、それしかないと決めつけているから従っているだけのことである。私たちが哲学的なスタンスを大切にするならば、多数派の正義や前提は、真っ先に疑ってかかる必要がある。

パスカル『パンセ』
前田陽一・由木康 訳
中公文庫／1973年

哲学は、多数派の正義や前提を疑ってかかる

霜月 NOV. 11月 13日

人間のもっとも強い欲求とは、孤立を克服し、孤独の牢獄《ろうごく》から抜け出したいという欲求である。

憂鬱

他者 仕事

自分の能力を発揮できないと、人は「孤独感」にさいなまれる。孤独を消すための方法はふたつ。能力を発揮できる環境や機会を得るか、完全に引きこもるしかない。けれども、引きこもって自分の外側の世界をなかったことにするのは、それはそれで残酷だ。哲学者のキケローは、孤独の内にいるときが、もっとも孤独を感じない、と説いている。孤独すぎる人は、もはや孤独に気づけないのだ。

エーリッヒ・フロム
『新訳版 愛するということ』
鈴木晶訳
紀伊國屋書店／1991年

孤独すぎる人は、もはや孤独に気づけない

霜月 NOV.　11月14日

大げさなことばはやめて、物事を理解しようとすることだね。（…）ただ不幸なことに君は賢いのだ。

ALAIN

憂鬱

幸福　決断

人は賢いがゆえに、気分が悪いことの原因探しをしてしまう。そして原因が何かを考えている内に、余計にイライラしてしまうことがある。しかし、気分が悪いことの原因をつきとめようとすることには、あまり意味がない。気分をよくしたいのなら、それよりも体を動かそう。体から、心を元気にしようと努めるのである。

アラン『幸福論』石川湧訳
角川ソフィア文庫／2011年

不機嫌の原因探しはしないことだ

霜月 NOV.

11月15日

誰しもとことんまで正直に
相手にしているのは、
結局自分自身だけで、
そのほかには精々《せいぜい》自分の
子供ぐらいのものである。

自分

人生　自由

友人との信頼やパートナーへの愛情などによって、人と人とは密接に結びついているように思える。しかし結局のところ、人が真剣に向き合っているのは、自分自身のことだけである。もし他にあるとすれば、せいぜい自分の子どもくらいだろうが、これは何も悪いことではない。それくらい、自分に正直でいられる孤独な空間や時間は、貴重な財産なのである。

ショーペンハウアー
『幸福について——人生論』
橋本文夫 訳
新潮文庫／1958年

孤独は、自分に正直でいられる貴重な財産

霜月 NOV. 11月 16日

重要なことは、自分の持ち場、自分の活動範囲においてどれほど最善をつくしているかだけだということです。

決断

仕事 自由

「どのような仕事をしているのか？」ではなく「どのように仕事しているか？」という姿勢こそが、私たちの心を充足させる。職種や役職、周りの評価によって満たされることはない。最善を尽くせる範囲で、いかに自分や人生と向き合っているかを問うべきだ。役割や立場はあくまで記号であり、あなた自身ではない。自分がまかされている範囲で最善を尽くすことにより、代わりのきかない存在になれる。

V・E・フランクル『それでも人生にイエスと言う』山田邦男・松田美佳 訳 春秋社／1993年

最善を尽くすことで、代わりのきかない存在になれる

霜月 NOV. 11月17日

弱者にとって誰か他人と似ているということほど、大きな慰めがあるだろうか。

自分

他者 幸福

誰かに似ている、ということは、確固たる自己を持っている人からすれば侮辱《ぶじょく》である。一方で、自分自身の価値を低く見積もっている人にとって、誰かに似ているということは、喜びや慰めになる。彼らには、誰かに似ているということが、自分の価値を担保するものに思えるのだろう。強くなりたければ、他の何かに似ているということを、自分の価値にカウントしないことだ。

エリック・ホッファー
『魂の錬金術』中本義彦 訳
作品社／2003年

何かに似ていることを、自分の価値にカウントしない

霜月 NOV. 11月 18日

「祝福することができないなら、呪うことを学ぶがよい!」

恋愛 憂鬱 自分

好きな人に恋人ができた。おめでたいことのはずなのに、本心では喜べないでいる。そんな自分を恥じることはない。「おめでたいから喜ばなくてはいけない」などと、世間体を気にして物事を考える必要はないのだ。祝福できないと思うならば、呪えばいい。自分の気持ちに正直に。

ニーチェ
『ツァラトゥストラ(下)』
丘沢静也 訳
光文社古典新訳文庫/2011年

本心では喜べないでいる自分を、恥じることはない

お世辞を言われると
ばかにされたと思い、
親切にされると
侮辱されていると思った。
(…)こういう想像から来る
病気には療法がない。

憂鬱

他者　幸福

どんなことも「おもしろくない」と反応してしまう人間を、外部から矯《きょう》正《せい》することは難しい。自分の意思で物事を「おもしろい」と捉えようとしないネガティブ思考の持ち主は、自分で自分を追いつめている。つまり、小刻みに自殺しているようなものなのだ。もし、あなたが何をやってもつまらないときは、つまらないと思いたがる自分がいないかどうか、立ち止まって考えてみるといい。

アラン『幸福論』石川湧 訳
角川ソフィア文庫／2011年

ネガティブ思考は、小刻みな自殺のようなものだ

霜月 NOV.

11月20日

何よりも肝要なのは、自分自身を評価することである。

自分

決断 人生

セネカ曰く、いちばん大切なのは、自分自身をよく知り、正しく評価することだ。ここでの評価というのは、適性を知るということである。人は気分にまかせて自分を過大評価したり、能力を過信したりしてしまう。これは財布の中身を把握せず、散財してしまうようなものだ。自分の能力をフルに活かしたければ、自分自身を正確に見積もる必要がある。

セネカ『生の短さについて 他二篇』大西英文 訳
岩波文庫／2010年

自分自身の適正を正しく見積もる

チェスの世界チャンピオンに（…）「ところで、先生、どういう手が一番いい手だとお考えでしょう？」と尋ねることは、とんちんかんである。

人生 仕事 自分

フランクル曰く、具体的な勝負の局面を離れて、いちばんいい手というものは存在しない。私たちはともすれば、万事を解決する必勝法や裏技を期待してしまうが、あらゆる場面に通ずる手などないのである。フランクルはよく講演会で「ところで先生、生きる意味とはつまり、何でしょう？」と聞かれたという。このチェスの話は、うんざりしたフランクルが出したたとえ話である。

V・E・フランクル『それでも人生にイエスと言う』山田邦男・松田美佳 訳 春秋社／1993年★

◎◎◎◎◎◎◎◎◎◎◎◎◎◎◎◎◎◎

あらゆる場面に通ずる神の一手などない

霜月 NOV.

11月22日

自分のおこないについて他人を手本にしてはならない。

自分

他者　幸福

他人はあてになるようで、あてにならない。なぜなら、境遇、環境、事情が同じという状況はない上に、個々の性格にも違いがあるからだ。それでも他人を手本にするのであれば、他人をよく観察し、自分の性格と照合した上で、これなら自分に合うだろうと、ぴったりの方法を考えてみることである。違う二人が同じことをして、まったく同じ結果になるということはない。独創性を貫くべし。

ショーペンハウアー
『幸福について——人生論』
橋本文夫 訳
新潮文庫／1958年

まったく同じ結果にはなり得ない。独創性を貫こう

霜月 NOV.

11月23日

非社交的な特性がなければ
（…）すべての才能は
萌芽《ほうが》のままに永遠に
埋没してしまっただろう。

自分

仕事 人生

場の空気を読み、周囲に合わせて生きていれば、平穏無事な暮らしは送れるだろう。しかし、その協調的な空気が、あなたの才能を殺し、埋没させることもある。周囲に合わせないことでこそ磨かれる才能もあるのだ。才能の開花に必要な空気は協調ではない。

カント『永遠平和のために／啓蒙とは何か 他3編』
中山元 訳
光文社古典新訳文庫／2006年

才能の開花に必要なのは協調性ではない

霜月 NOV. 11月24日

孤独は山になく、街にある。一人の人間にあるのではなく、大勢の人間の「間」にあるのである。

他者

憂鬱 幸福

自然の中に孤独はない。たとえば生まれてから死ぬまで、文字通り「一人」でいる人に、孤独という概念はないだろう。孤独は人の集まる街にあり、人と人のあいだにこそある。そして、ときに私たちは、孤独を恐れるあまり人と近づきすぎて傷つけ合う。これを「ヤマアラシのジレンマ」と言う。このジレンマは、ショーペンハウアーの話に着想を得た、精神分析医のフロイトが名づけたものである。

三木清『人生論ノート』
新潮文庫／1978年

孤独を恐れるあまり、人と近づきすぎて傷つけ合う

霜月 NOV.

11月25日

羨望《せんぼう》の気持ちをもたないようにしたまえ。そのようなものを手に入れようとあくせくするのは、生の損失となるだけである。

欲望

時間 憂鬱

「自分は墓石に刻む称号のために生涯の時間を費やしてしまったのか」。名誉を手にすることに囚われすぎると、年老いたときに惨《みじ》めな思いで生を終えることになる。また、名誉を手にするためのたび重なる苦闘によって力尽きてしまい、自ら命を絶とうとする者まで出てくる。私たちは、未来に何の希望も抱かずに生きることはできない。名誉を求めるあまり、自ら希望を絶ってしまうことがないように。

セネカ『生の短さについて 他二篇』大西英文 訳
岩波文庫／2010年

名誉を求めるあまり、希望を絶ってしまうことがある

霜月 NOV.

11月26日

自分が何かに苦しんでいるとき、何かのために苦しんでいると思い込めるのは、弱者の才能である。

憂鬱

自分 人生

弱者は自分が逃げていることを指摘されると、「自分はあそこを目指しているんだ。逃げているわけではない!」と言い訳する。また、望ましいものから遠ざけられたとき、逆に自分は「こちら側」に選ばれたのだと思い込もうとする。これらはすべてあとづけだ。納得のいかないことに対してもっともらしい理由を考えつけるのは、ある種の才能であり、弱さの証明でもある。

エリック・ホッファー
『魂の錬金術』中本義彦 訳
作品社／2003年

もっともらしいあとづけは、弱さの証明である

霜月 NOV.

11月27日

人はささいな侮辱には
復讐しようとするが、
大いなる侮辱にたいしては
報復しえないのである。

決断

自分 他者

マキャベリ曰く、人を従えるためには「頭をなでるか」、「消してしまうか」のどちらかにすべきである。いずれの手段にしろ、徹底的に相手をコントロールしない限り、復讐心を抱かせ、自分の足をすくわれかねない。マキャベリ自身は政治思想家で、君主ではなかった。『君主論』には、マキャベリが考える「有能な君主かくあるべし」というリーダー論が書かれている。

マキャベリ『新訳　君主論』
池田廉 訳
中公文庫／1995年

有能なリーダーは、ときに非情であるべし

霜月 NOV.

11月28日

人生のルールは私たちに、
けっして戦いを放棄しない
ことを求めているはずです。

決断

人生 時間

チェスの試合中、次の一手がどうしてもわからなかったとする。そのとき、チェス盤をひっくり返せば試合はゼロ地点に戻る。しかし、これを人生に当てはめると、チェス盤をひっくり返すのは「自殺行為」に等しいことがわかる。私たちは、人生から「どんなことをしても勝つこと」を望まれているわけではない。私たちが望まれているのは、「戦いを放棄しないこと」だけである。

V・E・フランクル『それでも人生にイエスと言う』山田邦男・松田美佳訳
春秋社／1993年★

人生では「勝つ」ことよりも「放棄しない」ことが大事

霜月 NOV.

11月29日

われわれは
英雄的に行動するとき、
たいてい何かを
証明しようとしている。

決断

自分 仕事

人が勇敢になるとき。それは「自分はもう過去の自分ではない」「他人が思っているような自分ではない」と証明したいと思うときである。その証明は、他人に向けてでもあるが、自分に向けてでもある。臆病で弱気な自分を否定するために英雄的な行動に出るのだ。つまり危険をかえりみない英雄的な行動は、「現状の自分を否定したい」という願望を含んでいるので、「ピュアな動機」とは言い切れない。

エリック・ホッファー
『魂の錬金術』中本義彦 訳
作品社／2003年

自分を否定するために、勇敢になることがある

霜月 NOV.

11月30日

人は、他人にとっても
自分にとっても、
等しく謎であるらしい。
私は私自身を研究する。

自分

幸福 自由

「全体の幸福のために必要なことが、私を幸福にするわけではない」。キルケゴールは、自分自身についてとことん考え抜いた哲学者である。孤独と憂愁《ゆうしゅう》を好んだ彼は、このようなことを、葉巻を吹かしながら考えている——とも書いている。

セーレン・キルケゴール
『美しき人生観』
飯島宗享 訳
未知谷／2000年

「全体の幸せ＝私の幸せ」とは限らない

12月

時間

立ちどまっても、過ぎていく。

DECEMBER

師走 DEC. 12月 1日

思想と人間とは同じようなもので、かってに呼びにやったところで来るとは限らず、その到来を辛抱強く待つほかはない。

自分
仕事 欲望

ここでいう「思想」とは、「待ち人」のようなものだ。古代ギリシャの数学者アルキメデスは、「ハッ！ わかったぞ！」とひらめいたとき「ヘウレーカ！」と叫んだそうだ。思想が実を結ぶときにもこの「ヘウレーカ！」が必要だ。外からの刺激と、内なる気分や緊張がうまく混ざり合ったときにそれは生まれる。準備をして、機が熟するのを待つのみだ。

ショウペンハウエル
『読書について 他二篇』
斎藤忍随 訳
岩波文庫／1960年

「ひらめき」には、機が熟するのを待つことも必要だ

ひとは
いつかはきっと死ぬ、
しかしいますぐ
というわけではない。

自分
人生
孤独

人はいつか必ず死ぬ。しかし、自分が死ぬことを想像してみても、いまいち実感が湧かないだろう。死はどこか「他人事」であり、自分という存在が消滅してしまうことをリアルに想像し、実感することは難しいのである。だからといって、「自分が死ぬ」という現実は他の誰にも代わってもらえない。「死」は、自分で受けとめるしかないのだ。

マルティン・ハイデッガー
『存在と時間（下）』
細谷貞雄 訳
ちくま学芸文庫／1994年

死は、他の誰にも代わってもらえない

師走 DEC. 12月 3日

港からでた途端に嵐に遭《あ》い、
長いあいだ同じところを
ぐるぐる回り続けた者を、
「長い航海をした」などと
考えられようか。

人生

幸福 自由

嵐に振り回され、長いあいだ翻弄《ほんろう》されるだけの人生を過ごす必要はない。誰かの取り巻きとして一生を取りつくろう必要も、同伴者として他人の引き立て役に回る必要もない。それは、自分の時間を浪費する原因にもなる。人生の舵をとるということは、自分自身で日々を管理していく、ということなのだ。

セネカ『生の短さについて 他二篇』大西英文 訳
岩波文庫／2010年★

誰かの人生の同伴者として一生を終えるな

われわれは、しなければならないことをしないとき、最も忙しい。真に欲しているものを手に入れられないとき、最も貪欲である。

仕事
恋愛
他者

しなければならないことに手をつけていないとき、人はいちばん忙しく感じる。もちろん、すべきことに集中して取り組んでいるときだって確かに忙しい。だが、やらなくてはいけないときからも逃げ回っていることのほうが、罪悪感や言い訳が心や頭を占めるため、よりせわしなく感じるものである。「忙しい」「時間がない」が、口癖になっていないだろうか?

エリック・ホッファー
『魂の錬金術』中本義彦 訳
作品社/2003年

罪悪感や言い訳から「忙しい」を連発しないように

師走 DEC. 12月 5日

今日愛しているものを明日も愛しているかどうか、だれも確信をもって言うことはできない。

自由

人生　恋愛

世の中のすべてのものは、たえまない流れの内にある。鴨《かもの》長《ちょう》明《めい》が『方《ほう》丈《じょう》記《き》』に「ゆく川の流れは絶えずして、しかもとの水にあらず」と書いたように。哲学者のヘラクレイトスが「万物《ばんぶつ》は流転《るてん》する」と言ったように。すべてのものは移り変わっている。何が起こるかわからないという意味では、私たちが計画立てているものはすべて「幻想」とも言えるのだ。

ルソー『孤独な散歩者の夢想』今野一雄訳
岩波文庫／1960年

すべてのものは移り変わっている

師走 DEC. 12月 6日

私が哲学に向かっていったのは（…）むしろそれまで首を突っ込んでみた他の学科を私が好きになれなかったためであった。

決断

人生 仕事

民俗学者でもあったレヴィ＝ストロースが哲学研究に向かったきっかけは、他の学問にのめり込めなかったことにあるらしい。レヴィ＝ストロースはその後、民俗学にのめり込み、インディオ文化の現地調査に力をそそいだ。何かを好きになるきっかけは、すべてが積極的なものとは限らないようだ。

レヴィ＝ストロース『悲しき熱帯Ｉ』川田順造訳
中公クラシックス／２００１年

すべてのきっかけが、積極的なものとは限らない

師走 DEC. 12月 7日

「わたしはそれをやった」とわたしの記憶が語る。「そんなことをわたしがしたはずがない」とわたしの誇りが語り、譲ろうとしない。ついに記憶が譲歩する。

自分
他者
欲望

現在の自分の誇りを守るために、過去の記憶が都合よく書き換えられることがある。自尊心を邪魔するような記憶ほどそうだ。では、自分にとって都合の悪い過去とはなんだろう。たとえば、昔の恋人と別れた理由などはその典型である。過去を都合よく書き換える限り、その人に成長はない。

ニーチェ『善悪の彼岸』
中山元 訳
光文社古典新訳文庫／2009年

自尊心を邪魔するような記憶ほど改ざんされやすい

社会は、自ら求めるところのない人には何も与えない。求めると言っても、それは絶えず、継続してのことである。

人生

仕事 幸福

一度に多くを得ようとする考え方では、何も得られないことのほうが多い。思い立った勢いで、3日間のみ必死になるだけでは「本当にそれを求めている」とは言えない。野心があるのは、何か求めるものがあるということだが、その欲求が継続的なものにならなければ、何も成し遂げられないだろう。夢も目標も、一夜漬《づ》けでは手に入れることができないのである。

アラン『幸福論』石川湧 訳
角川ソフィア文庫／2011年

夢も目標も、一夜漬けでは手に入れることができない

もし私がそれをしなければ、
だれがするだろうか。
しかし、もし私が自分の
ためにだけそれをするなら、
私は何であろうか。そして、
もし私がいましなければ、
いつするのだろうか。

自分

人生 幸福

これはユダヤ教のラビ（指導者）であったヒレルの言葉で、フランクルがナチスの強制収容所から解放されたあとに開かれた講演会で引用したものである。自分にしかできないことがある、人のためになること（がある）そして、それを成すための「いま」という時間は一度きりだ。フランクルは、人という存在や時間のかけがえなさを伝えている。

V・E・フランクル『それでも人生にイエスと言う』山田邦男・松田美佳 訳
春秋社／1993年

誰かのために、私ができることを見つけよう

師走 DEC. 12月 10日

一万年も生き永らえるであろう者のように振る舞うな。

人生

決断 幸福

時間は貯金と違って、毎日確実に残高が減っていく。1日24時間を有意義に使えなかったとしても、明日に繰り越すことはできない。理想の自分になるための時間は生きているあいだにしか用意されておらず、チャレンジの機会は日に日に減っていく。時間は減っていくものである、という感覚を忘れることのないように。

マルクス・アウレリウス
『自省録』鈴木照雄 訳
講談社学術文庫／2006年

「時間」を大盤振る舞いしないことだ

師走 DEC. 12月 11日

無益なことに労を費やしてもならず、無益に労を費やしてもならない。

自分 人生 仕事

木に登ったり降りたりをひたすら繰り返すように、私たちには、どうでもいいことで忙しい、という状況がある。具体的な目標や目的に向けての行動ではなく、「何かしている風」を装うための忙しさほど無益なものはない。一見忙しそうに見えても、実はくだらない用事で日々を忙殺され、それに満足していないか。自分の時間管理を意識的に見直そう。

セネカ『生の短さについて 他二篇』大西英文訳 岩波文庫／2010年☆

「何かしている風」を装うための忙しさは捨てよう

師走 DEC. 12月12日

現在と未来の関係は、「あれかこれか」といった関係の問題ではない。現在というものは、とにかく未来に影響するものである。

人生

自分決断

「未来」のために「現在」という時間を犠牲にしたり、「現在」のために「未来」を犠牲にしたりする。「現在」と「未来」どちらを取るか? そう単純な問題ではないのだ、と、デューイは説く。確実なのは「現在」が「未来」に影響を及ぼすということだ。ならば、未来を見据えながらいまを生き、また、いまが報われるような未来を自分の手でつくっていくことが大切である。私たちはどちらも選べるのだ。

ジョン・デューイ
『経験と教育』市村尚久 訳
講談社学術文庫/2004年

「未来」も「現在」も報われる生き方をしよう

師走 DEC. 12月13日

若すぎると
正しい判断ができない。
年をとりすぎても
同様である。

人生
幸福 仕事

若すぎると、知識や経験がまだ充分ではないために、正しい判断をしにくい。年をとりすぎても、知識や経験に縛られすぎて、正しい判断をしにくい。憶測で物事を判断するのも、凝り固まった考えで物事を判断するのも、ベクトルは違うが偏った判断であることに変わりない。若いときは知見を広げ、年をとったらこだわりを放棄することだ。

パスカル『パンセ』
前田陽一・由木康 訳
中公文庫／1973年

若いときは知見を広げ、年をとったらこだわりを捨てる

師走 DEC. 12月 14日

宝の鉱脈でもっとも遅く掘り当てるのは、自分の鉱脈なのだ。

自分

孤独 自由

自分自身のことは、心の最深部に隠されている。ニーチェは、どんなことも乗り越える「超人《ちょうじん》」になるには、3段階の精神の変化を要するとした。まずラクダ。さまざまな困難を受け入れ、耐える段階。次にライオン。批判や破壊を恐れない段階。最後に子ども。自ら創造していく段階だ。勉強に置き換えるなら、「学習（吸収）段階→疑う（批判）段階→オリジナルの考えを組み立てる（創造）段階」となる。

ニーチェ
『ツァラトゥストラ（下）』
丘沢静也 訳
光文社古典新訳文庫／2011年

「超人」になるには、3段階の精神の変化を要する

師走 DEC. 12月 15日

未来にばかり関心を奪われると、ありのままの現在が見えなくなるばかりか、しばしば過去の再編成をしたくなる。

自分

人生 仕事

未来のことや理想にばかり心を奪われていると、自分の過去を受け入れられなくなる。海外旅行にパスポートが必要なのと同様、未来に進むために、自らの過去の詳細を提出するよう求められることがある。そのとき、人によってはパスポートを偽造するかのように、過去を書き換えようと試みる。もちろんそれで過去が変わるわけはない。私たちは、過去を受け入れながら前に進むしかないのだ。

エリック・ホッファー
『魂の錬金術』中本義彦 訳
作品社／2003年☆

過去を受け入れながら前に進むしかない

師走 DEC. 12月 16日

凡夫《ぼんぷ》はただ
時を過すことばかりを考え、
何かの才能をもったものは
時を活用することを考える。

決断

人生 仕事

平凡な人間は、ただ時間が過ぎることばかりを考える。才能のある人間は、時間をいかに活用するかを考える。この差を生み出すのは、動機の有無である。行動するための動機がないと、意思も知性も休止してしまう。自分で動機を生み出し、意思や知性を駆動できない人は、時間をうまく活用できないどころか、退屈の沼にハマることがあるので注意が必要だ。

ショーペンハウアー
『幸福について――人生論』
橋本文夫訳
新潮文庫／1958年

行動するための動機がないと、意思も知性も休止する

師走 DEC. 12月 17日

現代生活では、重要な疲れの種類はつねに情緒的なものである。

憂鬱

自分
仕事

心配や不安といった悩みから生じる心の疲れは、なかなか取れない。頭の使いすぎによる疲労感や、運動などによる肉体的疲労は、一晩眠ればだいたい回復する。しかし、心の疲れは時間によって解決されない。ではどうするか。解決するのは認識である。たとえば、「あのときのつらさと比べたらいまの苦しみなんて屁《へ》でもない」というような認識の転換が、いまの苦しみを緩和することがあるのだ。

B.ラッセル『ラッセル幸福論』安藤貞雄 訳
岩波文庫／1991年

心の悩みを解決するのは認識である

師走 DEC. 12月 18日

「土の死は水の生成、水の死は空気の生成、空気の死は火の生成、そして逆もまたなりたつ」

人生

幸福 憂鬱

変化にいいも悪いもなく、ただ循環するのみである。この言葉は、物事は常に移り変わり、同じものは二度とない、ということを表す言葉「万物は流転する」で有名な哲学者ヘラクレイトスのもの。土が消滅すると水になり、水が消滅すると空気になる。このように、物事は循環しながら、何らかの意味を残していくのである。あなたは、これから何を残すか？

マルクス・アウレリウス
『自省録』鈴木照雄 訳
講談社学術文庫／２００６年

物事は循環しながら、何らかの意味を残していく

師走 DEC. 12月 19日

放蕩《ほうとう》は、形を変えた一種の自己犠牲である。

憂鬱

欲望 自分

遊びほうけることは、情熱的に「罪悪感」を積み重ねることとも言える。つまり、活力の無謀な垂れ流しである。刹那《せつな》的な快楽に身を委ねていると、結果的に小さな罪悪感が自分の中に積もっていくだけで、何の身にもならないことが多い。積もり積もった小さな罪悪感は、最終的に自分の活力をむしばんでいく。

エリック・ホッファー
『魂の錬金術』中本義彦 訳
作品社／2003年

遊びほうけても、小さな罪悪感が積もるだけ

刺繍は初めのうちは、あまりおもしろくない。しかし進むにつれて、加速度的な力をもって、われわれの欲望に作用する。

欲望

人生 仕事

計画は、未来に向けたものである。未来の計画に対して「私はきっとやるだろう」と言うことは、怠け者が逃げ道を用意することと変わらない。いますぐ計画があるなら、取りかかろう。はじめはゴールが見えず、楽しくないかもしれない。しかしこれは、一針一針縫い上げていく刺繍と一緒だ。完成形が見えてくると、一気におもしろさが加速する。大事なのは、計画を実行することだ。

アラン『幸福論』石川湧訳
角川ソフィア文庫／2011年

「いつかやるだろう」は一種の逃げ

師走 DEC. 12月 21日

人は他の人に自分の罪を
懺《ざん》悔《げ》してしまうと、
その罪を忘れる、
しかし通常相手のほうは
それを忘れない。

他者

自分　憂鬱

傷つけてしまった相手に自らの罪を告白し、謝罪をすることで、加害者は罪悪感から解放されて、心が軽くなる。これが懺悔の効能である。しかし、被害者の視点に立てば、傷つけられた過去が消えるわけではないし、心が軽くなるわけでもない。すべては時間が解決してくれるなどと、軽々しく言ってはならない。傷つけた側、そして謝罪する側は、その重みを受けとめるべきであろう。

フリードリッヒ・ニーチェ
『人間的、あまりに人間的 I』池尾健一訳
ちくま学芸文庫／1994年

時間が解決するなどと、軽々しく言ってはならない

師走 DEC. 12月22日

異なった角度から
当の問題に
照明を投げかける。
このゆるやかな経過こそ
いわゆる決意の成熟
というものになる。

ショウペンハウエル
『読書について 他二篇』
斎藤忍随 訳
岩波文庫／1960年

決断
人生
幸福

決意とは、無理やりに考えを固めることではない。自然と考えが固まるような機会を待つのである。湧いてくる気分はそのつど異なるが、さまざまな角度から問題に照明を当てる中で、決意は固まっていく。決意は、無理やり決め込んだ、その場の勢いからなるものであってはいけない。

決意にはタイミングがある

師走 DEC. 12月23日

過ぎ去ったことであるとするならば、私はもはや不安を抱くことはありえないわけで、いまはただ後悔することがありうるだけである。

人生
仕事 欲望

不安とは、まだ起こっていない未来のことに対する執着から生まれる。過去に対して不安は起こり得ない。すでに起こったことに対する執着は、むしろ後悔である。それを見誤らないことだ。また不安は、成功の可能性がいっさいない場合にも起こり得ない。不安になるということは、「うまくいく可能性」があるということでもある。実行する勇気を持とう。

キェルケゴール
『不安の概念』斎藤信治 訳
岩波文庫／1951年

不安を感じるときほど、実行する勇気を持とう

師走 DEC. 12月24日

幸福は、それを有しているときでないと幸福かはわからず、推理も予見も不可能なのである。

幸福

自分 欲望

幸福は、自分の手の内にある限りにおいてしか、それが幸福とはわからない。自分の手の内になく、世間の中にある幸福は「幸福の姿」をしていないので、それを見ても「幸福だ！」と認識できないことがある。要は、自分で手にしてみない限り、何が幸福であるかを予見するのは不可能なのである。幸福に似た姿をしているものであっても、実際に手にしたら違った、ということはおおいにあり得る。

アラン『幸福論』石川湧 訳
角川ソフィア文庫／2011年★

手にしてみたら幸せではなかったということはよくある

師走 DEC.
12月25日

時間には通俗的なものと
根源的なものがある。

自分

人生 自由

12月25日は、通俗的時間という意味では「クリスマス」だが、「根源的時間」という意味では「残された人生における24時間」である。ハイデガーに言わせれば、いつも私たちが気にする時間は「通俗的時間」で、これはカレンダーや時計が示す世界共通の日付や時刻にすぎない。一方の「根源的時間」は、私たち自身が持つ「人生の時間」だ。通俗的時間にばかり振り回されてはいけない。自分の人生を生きよ。

マルティン・ハイデッガー
『存在と時間〈下〉』
細谷貞雄 訳
ちくま学芸文庫／1994年★

私たちに用意された「時間」には2種類ある

師走 DEC. 12月26日

最も特殊な物は、それがただ理解できるものでさえあれば、決して我々の頭から去り得ないのである。

人生　仕事　他者

理解できるものは記憶に残りやすく、理解できないものは記憶に残りにくい。これは当然だ。また、めったに起こらないことや、思いがけないことなども記憶に定着しやすい。強く記憶に残したいものがあるなら、これらの性質を理解しておくといいだろう。つまり、理解ができて、かつ特殊化されたものが、記憶されやすいのである。

スピノザ『知性改善論』
畠中尚志 訳
岩波文庫／1931年

理解ができて、かつ特殊化されたものは覚えていやすい

師走 DEC. 12月27日

怠け者は快楽の計算を間違う。考える動物が退屈するとき、怒りは遠くない。

欲望

決断 幸福

人は、与えられた快楽にはすぐ退屈してしまう。しかし、自分で手に入れた快楽には退屈しにくい。そして、行動をともなわない快楽よりは、行動をともなう苦痛を選んだほうが、のちのち手に入る快楽の満足度は高い。怠け者はその計算を間違えてしまい、行動をともなわない快楽を選んでしまうのだ。

アラン『幸福論』石川湧訳
角川ソフィア文庫／2011年★

行動をともなわない快楽より、行動をともなう苦痛を

ある意見を、自分たちの独断でそれはダメなものだとあらかじめ決めつけて、聞いてみようともしないのは自分たちにとっても有害である。

他者

決断 仕事

過去の常識を現代の常識をもって見直すと、「昔はなんて恐ろしいことをしていたんだ」と感じることがある。自分が絶対に正しいという想定で反対意見の人を追放することには、よき将来を妨げる可能性がある。歴史を見ても、多くの才能ある人間が当時の常識に反したという理由で刑罰に処されてきたが、これは将来にとって大きな損失である。哲学の父ソクラテスが処刑を言いわたされたように。

ミル『自由論』斉藤悦則 訳
光文社古典新訳文庫／2012年

偏った考えはよき将来を妨げる

師走　DEC. 12月29日

年齢が進めば「快いもの」の中身も変わってゆく。それゆえ若い人々は友人になって親しくなるのも早いけれど（…）疎遠になるのも早いのである。

人生
幸福　欲望

年齢とともに、良いと思うものは変わっていく。特に若い内はそうだ。好き嫌いが目まぐるしく移ろうため、感情に従って行動しやすい。目の前に快楽を感じられるものがあれば、それを追求しがちである。そのため彼らは、親しくなるのも早ければ、疎遠になるのも早い。これは傾向だから仕方がないことだ。しかし、だからこそ、年を重ねても「好き」であり続けられるものは大切にしたほうがいい。

アリストテレス
『ニコマコス倫理学（下）』
渡辺邦夫・立花幸司訳
光文社古典新訳文庫／2016年

年を重ねても「好き」であり続けられるものは大切に

師走 DEC. 12月30日

自分のわめき悲しんだ出来事が、あとからみると自分にとって真に最善のものであったり、大喜びした出来事が、最大の苦悩のもとになっていたりする。

人生

憂鬱 幸福

どんな出来事が起こったとしても、安直に反応し、大喜びしたりわめき悲しんだりしないことである。なぜなら、あらゆる物事には変化の可能性が残されているからだ。最悪なハプニングが、最高の結果につながることもある。最高に思える出会いが、最悪な結果を招くこともある。有利・不利といったその時点での情勢判断も、読み間違うことはおおいにある。確定された未来など、ない。

ショーペンハウアー
『幸福について――人生論』
橋本文夫 訳
新潮文庫／1958年☆

確定された未来などない。だからこそ、希望を持とう

師走 DEC. 12月31日

価値があるのはいま生きていることであって、過去に生きたことではない。

人生 決断 自分

過去、どのように生きてきたかに重点を置く人は、どこかで必ず失速する。過去からの「余熱」によって、いまを生きるための推進力を維持しようとしてはならない。現時点で動くことをやめた瞬間に、人はそれ以上、前に進めなくなるからだ。必要なのは過去の実績ではなく、新たな目標である。それを目指すことで、新たなステージに進む力を得ることができるのだ。前を向き、いまを生きよ。

ラルフ・ウォルドー・エマソン『自己信頼［新訳］』
伊東奈美子 訳
海と月社／2009年

「過去の実績」に重点を置くな。いまを生きよ

INDEX
索引

REFERENCE LIST

参考文献一覧

・B.ラッセル『ラッセル幸福論』安藤貞雄 訳／岩波文庫／1991年

・C.G.ユング『自我と無意識』松代洋一・渡辺学 訳／レグルス文庫／1995年

・J-P・サルトル『実存主義とは何か』伊吹武彦他 訳／人文書院／1996年

・V・E・フランクル『それでも人生にイエスと言う』山田邦男・松田美佳 訳／春秋社／1993年

・アラン『幸福論』石川湧 訳／角川ソフィア文庫／2011年

・アリストテレス『ニコマコス倫理学（上）』渡辺邦夫・立花幸司 訳／光文社古典新訳文庫／2015年

・アリストテレス『ニコマコス倫理学（下）』渡辺邦夫・立花幸司 訳／光文社古典新訳文庫／2016年

・アルトゥール・ショーペンハウアー『孤独と人生』金森誠也 訳／白水uブックス／2010年

・ヴィトゲンシュタイン『論理哲学論考』丘沢静也 訳／光文社古典新訳文庫／2014年

・ヴォルテール『哲学書簡』斉藤悦則 訳／光文社古典新訳文庫／2017年

・エーリッヒ・フロム『新訳版 愛するということ』鈴木晶 訳／紀伊國屋書店／1991年

・エピクロス『教説と手紙』出隆・岩崎允胤 訳／岩波文庫／1959年

・エリック・ホッファー『魂の錬金術 エリック・ホッファー全アフォリズム集』中本義彦 訳／作品社／2003年

・カント『永遠平和のために／啓蒙とは何か 他3編』中山元 訳／光文社古典新訳文庫／2006年

・キェルケゴール『不安の概念』斎藤信治 訳／岩波文庫／1951年

・キケロー『友情について』中務哲郎 訳／岩波文庫／2004年

・シモーヌ・ヴェイユ『自由と社会的抑圧』冨原眞弓 訳／岩波文庫／2005年

・ショウペンハウエル『読書について 他二篇』斎藤忍随 訳／岩波文庫／1960年

・ショーペンハウアー『存在と苦悩《新装復刊》』金森誠也 訳／白水社／1995年

・ショーペンハウアー『幸福について――人生論』橋本文夫 訳／新潮文庫／1958年

・ジョン・デューイ『経験と教育』市村尚久 訳／講談社学術文庫／2004年

・スピノザ『エティカ』工藤喜作・斎藤博 訳／中公クラシックス／2007年

・スピノザ『スピノザ国家論』畠中尚志 訳／岩波文庫／1940年

・スピノザ『知性改善論』畠中尚志 訳／岩波文庫／1931年

・セーレン・キェルケゴール『死に至る病』鈴木祐丞 訳／講談社学術文庫／2017年

・セーレン・キルケゴール『美しき人生観』飯島宗享 訳／未知谷／2000年

・セネカ『怒りについて 他二篇』兼利琢也 訳／岩波文庫／2008年

・セネカ『生の短さについて 他二篇』大西英文 訳／岩波文庫／2010年

・デカルト『情念論』谷川多佳子 訳／岩波文庫／2008年

・ニーチェ『ツァラトゥストラ（下）』丘沢静也 訳／光文社古典新訳文庫／2011年

・ニーチェ『善悪の彼岸』中山元 訳／光文社古典新訳文庫／2009年

・パスカル『パンセ』前田陽一・由木康 訳／中公文庫／1973年

・バタイユ『エロティシズム』酒井健 訳／ちくま学芸文庫／2004年

・ハンナ・アレント『人間の条件』志水速雄 訳／ちくま学芸文庫／1994年

・プラトン『パイドロス』藤沢令夫 訳／岩波文庫／1967年

・フリードリッヒ・ニーチェ『人間的、あまりに人間的Ⅰ（ニーチェ全集5）』池尾健一 訳／ちくま学芸文庫／1994年

・ベーコン『随筆集』成田成寿 訳／中公クラシックス／2014年

・ホッブズ『リヴァイアサン1』角田安正 訳／光文社古典新訳文庫／2014年

・マルクス『経済学・哲学草稿』塚城登・田中吉六 訳／岩波文庫／1964年

・マキャベリ『新訳 君主論』池田廉 訳／中公文庫／1995年

・マルクス・アウレリウス『自省録』鈴木照雄 訳／講談社学術文庫／2006年

・マルティン・ハイデッガー『存在と時間〈下〉』細谷貞雄／ちくま学芸文庫／1994年

・三木清『人生論ノート』新潮文庫／1978年

・ミル『自由論』斉藤悦則 訳／光文社古典新訳文庫／2012年

・ヤスパース『哲学入門』草薙正夫 訳／新潮文庫／1954年

・ラルフ・ウォルドー・エマソン『自己信頼［新訳］』伊東奈美子 訳／海と月社／2009年

・ルソー『孤独な散歩者の夢想』今野一雄 訳／岩波文庫／1960年

・レヴィ＝ストロース『悲しき熱帯Ⅰ』川田順造 訳／中公クラシックス／2001年

・ロジェ・カイヨワ『遊びと人間』多田道太郎・塚崎幹夫 訳／講談社学術文庫／1990年

原田まりる
HARADA MARIRU

1985年2月12日京都府京都市出身。哲学の道のそばで育ち、高校生のとき、哲学書に出会い感銘を受ける。大学在学時より行ってきた芸能活動を経て、現在は作家・哲学ナビゲーターとして活動。オンラインサロン「この哲学がスゴい！～ケンカしない哲学交流ラウンジ～」（DMMLounge）主宰。2017年4月にゲーム・マンガ原作制作会社「noexit（ノイグジット）」を設立。著書に哲学者の教えと経験談を交え綴った『私の体を鞭打つ言葉』（サンマーク出版）、京都を舞台にした哲学のエンタメ小説『ニーチェが京都にやってきて17歳の私に哲学のこと教えてくれた。』（ダイヤモンド社、第5回京都本大賞受賞）があり、本作が3作目となる。『哲学手帳』（扶桑社）も発売中。

まいにち哲学
人生を豊かにすることば

2017年11月27日　第1刷発行

著　者　原田まりる

発行者　長谷川 均
編　集　天野潤平
発行所　株式会社ポプラ社
〒160-8565 東京都新宿区大京町22-1
電話 03-3357-2212（営業） 03-3357-2305（編集）
振替 00140-3-149271
一般書出版局ホームページ　www.webasta.jp

ブックデザイン　佐藤亜沙美（サトウサンカイ）
イラスト　藤田 翔
DTP　株式会社言語社
印刷・製本　共同印刷株式会社

N.D.C.159/399P/19cm　ISBN978-4-591-15630-8